# Su Dinero Cuenta

*"La dirección de Dios para gastar, ahorrar, dar, invertir y salir de la deuda".*

# C⊕MPASS

## CATHOLIC MINISTRIES

# Su Dinero Cuenta

Publicado por *Compass Catholic Ministries*

ISBN 978-0-991054-1-5

Impreso en los Estados Unidos de América

*Para Bev, mi esposa,*
*don de Dios elegido para nuestra familia.*

*Para Matthew, mi amado hijo,*
*y para Danielle, una alegría.*

*Para Jim Seneff, sin su visión*
*este libro nunca habría sido concebido.*

*Para Will Norton, sin su habilidad*
*este libro no hubiera nacido.*

*Para Tim Manor, quien es más cercano que un hermano,*
*y George Fooshee, mi mentor.*

*Para la familia Compass—Finances God's Way,*

*Para Jon y Evelyn Bean, fundadores de Compass Catholic,*
*por sus corazones dispuestos a servir a la comunidad católica.*

*Invaluables colaboradores,*
*ustedes significan mucho para mí.*

# ÍNDICE

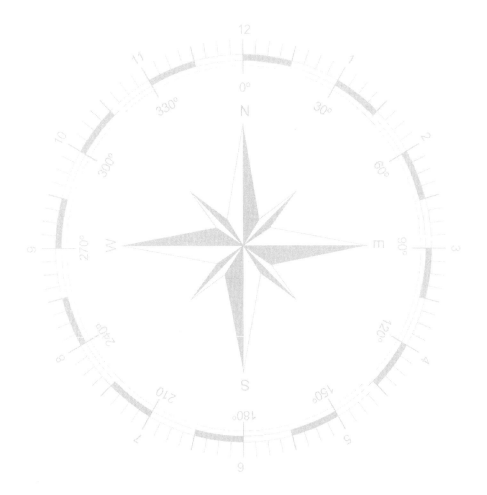

# UNO

# EL PROBLEMA

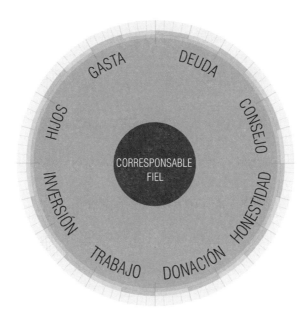

Alan y Jean Hitchcock decidieron terminar su matrimonio de 24 años.

En preparación a la resolución del divorcio, Alan comenzó a revisar los registros de las finanzas familiares. Cuando hacía la clasificación de los archivos, encontró un viejo cheque desteñido con el que había hecho el pago del hotel donde él y Jean habían estado en su luna de miel. Otro que había sido hecho para uno de los pagos de su primer auto. Luego, encontró otro cheque más y recordó con orgullo paternal cómo lo había escrito para el hospital cuando nació su hija. Y después, ahí estaba, el pago inicial de su primera casa…

Después de varias horas de clasificar sus registros financieros, Alan se dio cuenta de lo mucho que su esposa y él habían invertido en su matrimonio. Él hizo una pausa, pensando profundamente por varios minutos. Entonces cerró el archivo y llamó por teléfono a su esposa. Después de un incómodo intercambio de palabras, él expresó el motivo de su llamada. Él quería preguntarle si ella estaría dispuesta a trabajar con él para reconstruir su matrimonio.

Aunque una crisis familiar como la de Alan y Jean pueda ser extraña para alguno de nosotros, el mensaje de sus finanzas familiares no lo es. Ésta es la historia de nuestras vidas. Las finanzas familiares hablan de nuestros valores, de cuánto ahorramos, cuánto gastamos y a quién damos. De hecho, nuestros estados bancarios nos dicen más que ningún otro aspecto acerca de nuestras prioridades.

*En la Biblia hay 500 versículos relacionados a la oración, un poco menos de 500 acerca de la fe, pero más de 2.500 versículos son del dinero y las posesiones.*

Este es el motivo por el cual la Biblia tiene muchas referencias acerca del dinero y las posesiones. En la Biblia hay 500 versículos relacionados a la oración, un poco menos de 500 acerca de la fe, pero más de 2.500 versículos son del dinero y las posesiones. El quince por ciento de todo lo que Jesús dijo tenía que ver con economía y bienes materiales.

El Señor habló mucho de este aspecto porque él nos ama y nos cuida profundamente. Él sabe que de vez en cuando todos nosotros experimentaremos desafíos financieros. Por esta razón, quiere que nosotros manejemos el dinero en una manera que le complazca a él y sea la mejor para nosotros. Él abordó asuntos de dinero porque el dinero es importante.

# DOS

# LA RESPUESTA

---

*La Biblia es una brújula que nos ofrece la dirección de Dios para manejar el dinero*

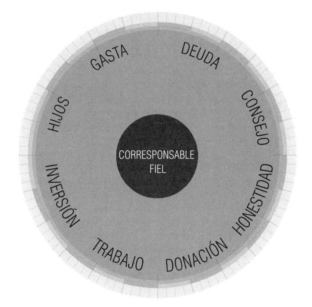

Estaba introduciendo papeles e informes dentro de mi maletín cuando sonó el teléfono de mi escritorio. Eran las 5:30 de la tarde y me preparaba para ir a casa después de un largo día de trabajo administrativo y conferencias personales. Estaba cansado. Malhumorado, levanté el teléfono.

"Hola, Howard. Habla Alan Hitchcock".

Sentí una punzada de vergüenza. Me llamó temprano y yo había olvidado devolverle la llamada. Su voz sonaba deprimida y le di una disculpa poco convincente por no haber devuelto su llamada.

> "Por lo tanto, si ustedes no han sido dignos de confianza en manejar el sucio dinero, ¿quién les va a confiar los bienes verdaderos?"
>
> Lucas 16:11

"Jean y yo consideramos el divorcio, pero hemos decido tratar de resolverlo", dijo Alan, su voz sonaba tensa.

Sus problemas financieros estaban al borde de destruir su matrimonio. Él preguntó si podríamos reunirnos para discutir su situación. Nosotros nos habiamos conocido en la iglesia dos años antes, cuando ellos se mudaron de Saint Louis a Orlando. Alan ganaba un salario medio como subdirector en una tienda por departamento, pero él no podía entender hacia donde se iba el dinero. Ellos enfrentaban un incremento en sus gastos por el crecimiento de su familia, y en pocos años necesitarían la matrícula universitaria de sus hijos. Ni él ni Jean podían prever un futuro más brillante.

Además, los Hitchcock debían una cantidad considerable a tiendas minoristas, a médicos, a compañías de tarjetas de crédito y al banco. Ellos tenían una enorme hipoteca de la casa.

Debido a sus deudas y a sus gastos diarios en aumento, los Hitchcock compraban cuidadosamente. Algunas veces no compraban hasta que compararan media docena de tiendas de descuento para encontrar el mejor precio. Ellos usaban cupones de descuento en las tiendas de alimentos. Jean evitaba comprar alimentos caros. Sin embargo, la familia enfrentaba un problema crítico. Jean y Alan no tenían una guía clara para manejar el dinero. Nunca habían estado dispuestos a presupuestar sus gastos. Ellos, raras veces, decidían no comprar lo que querían, y no tenían un plan para ahorrar o invertir para el futuro.

Yo entendí su predicamento. Varios años antes, un amigo, Jim Seneff y yo nos encontramos tomando decisiones financieras para nuestros negocios en expansión y nuestras familias jóvenes sin un punto de referencia en las Escrituras. Para hacer lo mejor que podíamos como padres y como hombres de negocios, nos sentimos obligados a hacer un estudio detallado de lo que dicen las Escrituras acerca del dinero. Leímos juntos toda la Biblia, identificamos cada uno de los 2.500 versículos que tratan del dinero y los ordenamos por temas. Entonces pusimos esta información en un seminario y lo presentamos en nuestra parroquia. La respuesta fue notable. La gente nos bombardeó con preguntas y expresaron varias áreas de intensa frustración. Otras iglesias pidieron el seminario y, a través de los años, éste se desarrolló dentro de los pequeños grupos de estudio *Compass Catholic Ministries*. En la actualidad, son conducidos en iglesias alrededor del mundo.

A través de estos pequeños grupos de estudio es que ha sido posible ayudar a muchas personas como los Hitchcock. Hemos encontrado que la mayoría de la gente—de hecho, la mayoría de los cristianos—no sabe o no ha aplicado los principios financieros de Dios en sus vidas. Sin embargo, aplicar estos principios es fundamental por tres razones:

### 1. Cómo manejamos el dinero afecta nuestra relación con el Señor.

Lucas 16:11 nos dice: *"Por lo tanto, si ustedes no han sido dignos de confianza en manejar el sucio dinero, ¿quién les va a confiar los bienes verdaderos?"*. En este versículo Jesús compara cómo manejamos nuestro dinero con la calidad de nuestra vida espiritual. Si nosotros manejamos nuestro dinero apropiadamente, de acuerdo a los principios de las Escrituras, nuestra relación con Cristo crecerá más fuerte. En cambio, si nosotros manejamos el dinero deslealmente, nuestra relación con el Señor sufrirá.

Una vez alguien me dijo que el Señor frecuentemente permite a una persona enseñar un tema porque él/ella lo necesita desesperadamente. Personalmente lo he podido comprobar en el área del dinero. He tenido el privilegio de guiar a docenas de pequeños grupos de estudio *Compass*, y nunca he conocido a alguien que tuviera las actitudes erróneas acerca del dinero o manejara sus finanzas más contrariamente a las Escrituras que yo.

Cuando aprendí estos principios y los apliqué, experimenté un progreso dramático en mi relación con el Señor. Seguir los principios financieros de Dios nos acerca más a Cristo.

## 2. Las posesiones compiten con el Señor.

Las posesiones compiten con Cristo por el dominio de nuestras vidas. Jesús nos dice que nosotros debemos elegir servir solamente a uno de estos dos maestros: *"Nadie puede servir a dos patrones; necesariamente odiará a uno y amará al otro, o bien cuidará al primero y despreciará al otro. Ustedes no pueden servir al mismo tiempo a Dios y al dinero"*. (Mateo 6:24) Es imposible para nosotros servir al dinero—aun de manera pequeña—y servir también al Señor.

Durante las guerras Cruzadas del siglo XII, los cruzados emplearon mercenarios para que pelearan en su nombre. Como esta era una guerra religiosa, los cruzados insistieron en que los mercenarios fueran bautizados antes de ir a pelear. Mientras eran bautizados, los mercenarios mantenían sus espadas fuera del agua para simbolizar que Jesús no controlaba esa parte de sus vidas. Ellos tenían la libertad para usar las espadas en la manera que lo desearan.

Actualmente, mucha gente maneja su dinero de una manera similar, aunque la acción no sea tan obvia. Ellos mantienen su cartera o su bolso "fuera del agua", diciendo en efecto, "Dios,

Tu puedes ser el Señor de mi vida entera excepto de mi dinero. Yo soy perfectamente capaz de manejarlo por mí mismo".

### 3. La mayoría de las cosas en la vida giran alrededor del uso del dinero.

Durante su semana normal, ¿cuánto tiempo invierte ganando dinero en su trabajo, tomando decisiones acerca de cómo gastar el dinero, pensando en cómo ahorrar o invertir el dinero u orando por sus donaciones? Afortunadamente, Dios nos ha preparado adecuadamente para estas tareas dándonos la Biblia como su anteproyecto para manejar el dinero.

## LA RESPUESTA

Cada vez más, la gente se pregunta dónde puede buscar ayuda. Hay dos alternativas básicas: la Biblia y las respuestas que la gente opine. La manera en la que la mayoría de la gente maneja el dinero es un contraste sostenido con los principios financieros de Dios. En Isaías 55:8 se lee, *"Pues sus proyectos no son los míos, y mis caminos no son los de ustedes, dice Yavé"*.

Para ayudar a reconocer las diferencias entre estas dos maneras, aparecerá una breve comparación al final de cada capítulo bajo el encabezado de "CONTRASTE".

## APRENDER A ESTAR SATISFECHO

La satisfacción es mencionada seis veces en la Biblia y cinco de ellas se refiere al dinero. En Filipenses 4:11-13 Pablo escribe: *"Estoy entrenado para todo y en todo momento...a estar satisfecho o hambriento, en la abundancia o en la escasez. Todo lo puedo en aquel que me fortalece"*.

Examine estos Versículos cuidadosamente. Nosotros no nacemos con el instinto por la satisfacción; sino que es aprendido.

El propósito de este libro es enseñar los principios bíblicos del manejo del dinero y las posesiones. El libro le ofrecerá maneras prácticas para integrar estos principios en su vida. Al descubrir estos principios y ponerlos en práctica, usted se acercará más a Cristo. Al entregarse más plenamente a Él como Señor, aprenderá a estar satisfecho y a poner en orden su casa financiera.

## CONTRASTE

**La sociedad dice:** Dios no juega un rol en el manejo del dinero, y mi felicidad está basada en ser capaz de proporcionarme el estilo de vida deseado.

**Las Escrituras dicen:** Al aprender y seguir los principios de las Escrituras acerca de cómo manejar el dinero, usted se acercará más a Cristo y aprenderá a estar satisfecho en todas las circunstancias.

## TRES

# LA PARTE DE DIOS

*El fundamento*

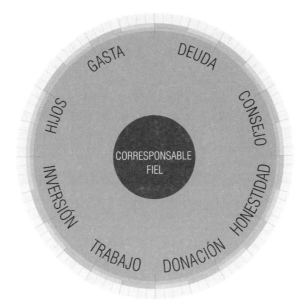

Una lluviosa mañana de noviembre, Alan y Jean Hitchcock llegaron a mi oficina para trabajar en sus problemas financieros en un intento por salvar su matrimonio.

Alan y Jean eran cristianos, pero nunca les había sido mostrada la perspectiva de la Biblia sobre el dinero y las posesiones. Ellos apreciaban su hermosa casa de ladrillo de dos pisos en un suburbio de Orlando, sus dos autos último modelo y sus demás posesiones.

Ambos sentían que habían trabajado arduamente por lo que tenían y que habían ganado el derecho de disfrutar "la buena vida". Sin embargo, después de que las presiones financieras amenazaron su estándar de vida, su falta de satisfacción dió paso a una importante crisis matrimonial. Existía una grave falta de comunicación acerca de sus finanzas familiares. Tanto Alan como Jean tenían sus propias opiniones acerca de cómo gastar el ingreso familiar, y nunca eran capaces de discutir el tema sin terminar en una pelea.

Ellos estuvieron cerca de perderlo todo en favor de sus acreedores. Esta situación, aunada a la posibilidad de divorcio, les golpearía desde la perspectiva de su satisfacción. Así que cuando me senté con Alan y Jean, el viernes posterior al Día de Acción de Gracias, ellos estaban motivados a aprender lo que dice la Biblia acerca del dinero.

*"Pues tuyo es cuanto hay en el cielo y en la tierra, tú eres dueño de todo; en tu mano están el poder y la fortaleza, y es tu mano la que todo lo engrandece y a todo da consistencia".*

(1 Crónicas 29:11-12)

Las Escrituras enseñan que hay dos partes distintas para el manejo del dinero: la parte que Dios juega y la parte que nosotros jugamos. Considero que la mayoría de la confusión relacionada al manejo del dinero surge del hecho de que estas dos partes no son entendidas claramente.

La parte de Dios es el fundamento de la satisfacción. En las Escrituras, Dios se llama a sí mismo por más de 250 nombres. El nombre que describe mejor la parte de Dios en el área del dinero es el de "Amo". Este es el capítulo más importante de todo el libro porque cómo vemos a Dios determina cómo vivimos. Por ejemplo, después de perder a sus hijos y todas sus

10

posesiones, Job era aún capaz de rendir culto a Dios. Él conocía al Señor y el rol del Señor como Amo de aquellas posesiones. De manera similar, Moisés abandonó los tesoros de Egipto y eligió sufrir maltrato con el pueblo de Dios. Tanto Job como Moisés conocían al Señor y aceptaron Su rol como Amo.

Examinemos lo que nos dice la Biblia acerca de la parte de Dios en tres áreas cruciales: propiedad, control y provisión.

### PROPIEDAD

La Biblia declara claramente que Dios es el único dueño de todo. *"Del Señor es la tierra y lo que contiene, el mundo y todos sus habitantes"* (Salmos 24:1). Las Escrituras revelan aún artículos específicos que Dios posee. Levítico 25:23 lo identifica como dueño de toda la tierra: *"Las tierras no se venderán para siempre, porque la tierra es mía y ustedes están en mi tierra como forasteros y huéspedes..."* Ageo 2:8 revela: *"¡A mí el oro! ¡A mí la plata! Dice Yavé de los ejércitos".* Y en Salmos 50:10, el Señor nos dice: *"pues mío es cuanto vive en la selva y los miles de animales de los montes".*

El Señor es el creador de todas las cosas, y él nunca ha transferido la propiedad de Su creación a la gente. En Colosenses 1:17 se nos dice que *"él existía antes que todos, y todo tiene en él su consistencia".* En este preciso momento el Señor sostiene literalmente todo unido por Su poder. Reconocer la propiedad de Dios es crítico cuando se trata de permitir a Jesucristo convertirse en Señor de nuestro dinero y posesiones.

### ¿Propiedad o Dominio?

Si nosotros vamos a ser auténticos seguidores de Cristo, debemos trasferir el dominio de nuestras posesiones al Señor. *"...el que no renuncia a todo lo que tiene, no podrá ser discípulo mío"* (Lucas 14:33). He encontrado, en mi experiencia, que algunas veces el Señor nos pondrá a prueba preguntándonos si estamos dispuestos a renunciar a la posesión que más amamos.

El ejemplo más vívido de esto en las Escrituras es cuando el Señor le dijo a Abraham: *"Toma a tu hijo, al único hijo que tienes y al que amas...Allí me lo ofrecerás en holocausto..."* (Génesis 22:2). Cuando Abraham obedeció, demostrando su disponibilidad de renunciar a su posesión más preciada, Dios proveyó un carnero para la ofrenda e Isaac no fue lastimado.

El destacado autor Larry Burkett hizo la siguiente observación: "Cuando nosotros reconocemos el señorío de Dios, cada gasto que decidamos hacer se convertirá en una decisión espiritual. No volveremos a preguntar, ¿Señor, qué quieres que haga con mi dinero?. Sino que reafirmaremos nuestra pregunta, ¿Señor, qué quieres que yo haga con tu dinero?" Cuando nosotros tenemos esta perspectiva, las decisiones de gastar y de ahorrar son tan espirituales como las decisiones de dar o donar.

**El primer paso hacia la satisfacción**

Para aprender a estar satisfecho, usted debe reconocer a Dios como dueño de todas sus posesiones. Si usted cree que es propietario de una posesión, por pequeña que esta sea, entonces las circunstancias que afectan esta posesión se reflejarán en su actitud. Si pasa algo favorable a esta posesión, usted estará feliz. Sin embargo, si algo malo ocurre a la posesión, usted estará descontento.

Después de que Jim Seneff llevó a cabo el ejercicio de transferir la propiedad de todas sus posesiones a Dios, él compró un auto nuevo. Dos días después de haberlo comprado, un joven lo chocó hundiendo un lado del auto. Su primera reacción fue, "bueno, Señor, yo no sé por qué Tú quieres una abolladura en un lado de tu auto nuevo, pero Tú ciertamente tienes una y ¡muy grande!". De manera similar, cuando John Wesley asimiló que su casa había sido destruida por el fuego exclamó, "la casa del Señor ha sido consumida por el fuego. ¡Una responsabilidad menos para mí!".

Sin embargo, no es fácil mantener esta perspectiva consistentemente. Es mucho más fácil pensar que las posesiones que tenemos y el dinero que ganamos son por completo el resultado de nuestras habilidades y logros. Encontramos difícil no creer que hayamos ganado el derecho de su propiedad. "Yo soy el amo de mi destino", dice el humanista. Y reafirma: "Soy el dueño de lo que poseo". Obviamente, esta visión de propiedad es la que prevalece en nuestra cultura.

Renunciar a la propiedad no es fácil, no es una transacción de una vez y para siempre. Nosotros necesitamos que se nos recuerde constantemente que Dios es dueño de todas nuestras posesiones.

## CONTROL

La segunda responsabilidad que Dios ha retenido es el control definitivo de cada evento que ocurre en la tierra. Analice varios de los nombres de Dios en las Escrituras: Maestro, Todopoderoso, Creador, Pastor, Señor de señores y Rey de reyes. Es obvio quien está a cargo:

> *"Pues tuyo es cuanto hay en el cielo y en la tierra. Tuya, oh Yavé, es la realeza; tú estás por encima de todo. Te acompañan la gloria y las riquezas. Tú eres dueño de todo; en tu mano están el poder y la fortaleza y es tu mano la que todo lo engrandece y a todo da consistencia"* (1 Crónicas 29:11-12) En Salmos 135:6 se lee, *"Todo lo que quiere hace el Señor, en los cielos y en la tierra, en los océanos y en los mares"*. Y en Daniel 4:31-32 el Rey Nabucodonosor declaró: *"Bendije al Altísimo, alabé y glorifiqué al que vive eternamente… hace lo que quiere con los ejércitos de los cielos y con los habitantes de la tierra. Nadie puede oponerse a su poder ni decirle, ¿qué haces?"*.

El Señor tiene el control aún de las circunstancias difíciles. *"Yo soy Yavé y no hay otro más; yo enciendo la luz y creo las tinieblas; yo hago la felicidad y provoco la desgracia; yo, Yavé, soy el que hace todo esto"* (Isaías 45:6-7). Es importante para los hijos de Dios estar conscientes de que su Padre celestial orquesta aún las circunstancias aparentemente devastadoras para el bien último en la vida del piadoso. *"Todos sabemos que Dios dispone las cosas para bien de los que lo aman, a quienes él ha escogido y llamado"* (Romanos 8:28).

El Señor permite que las circunstancias difíciles entren en nuestras vidas al menos por tres razones: (1) para desarrollo de nuestro carácter; (2) para el cumplimiento de Sus intenciones; y (3) para disciplinarnos amorosamente cuando es necesario. Analizaremos esto más detalladamente en el Capítulo 17— Crisis.

## PROVISIÓN

El tercer elemento de la parte de Dios es que Él ha prometido proveer de nuestras necesidades, *"Y por lo tanto, busquen primero su reino y su justicia, y se les darán también todas esas cosas (alimento y vestido)"* (Mateo 6:33). El mismo Señor que alimentó con maná a los hijos de Israel durante sus 40 años de vagar por el desierto, y que satisfizo el hambre de 5.000 personas con sólo cinco panes y dos peces, ha prometido satisfacer todas nuestras necesidades. Este es el mismo Señor que dijo a Elías, *"Tomarás agua del torrente y he ordenado a los cuervos para que te provean allá abajo…y los cuervos le traían pan en la mañana y carne en la tarde"* (1Reyes 17:4-6).

Dios es predecible e impredecible. Él es absolutamente predecible en Su fidelidad para proveer de nuestras necesidades. Lo que no podemos predecir es cómo el Señor proveerá. Él usa múltiples y sorprendentes medios, para satisfacer nuestras necesidades. Él puede incrementar nuestro ingreso, proporcionar un regalo, o estirar nuestros limitados recursos a través de compras con ahorro de dinero. Sea cual fuese la forma que Él elija para proveer de nuestras necesidades, Él es completamente confiable.

En 1 Timoteo 6:8 dice que nuestras necesidades son alimento y ropa. En otras palabras, hay una diferencia entre necesidades y deseos. La necesidad es una necesidad básica de la vida—alimento, ropa o vivienda. Un deseo es cualquier cosa que excede una necesidad. Una cena con filete, un auto nuevo y lo último de la moda, son todos deseos.

La parte de Dios que busca ayudarnos a lograr la satisfacción, es que Él se ha obligado a proveer de nuestras necesidades. Sin embargo, Él no ha prometido proveer de nuestros deseos. Él promete proveer de nuestras necesidades y nos dice que estemos contentos cuando esas necesidades sean satisfechas. *"Conformémonos entonces con tener alimento y ropa"* (1Timoteo 6:8).

Permítame ilustrar la provisión de Dios con un relato.

Al acercarse el final de la Segunda Guerra Mundial, las fuerzas Aliadas reunieron a muchos huérfanos hambrientos y los instalaron en campamentos donde eran bien alimentados. A pesar del excelente cuidado, ellos no dormían bien, parecían nerviosos y temerosos. Finalmente, un psicólogo sugirió una solución. Se le entregó a cada niño un trozo de pan para que tuviera en sus manos al ir a dormir. Si tenía hambre, se le proveía de más alimento, pero cuando se lo terminara tomaría nuevamente un trozo de pan, éste no era para comerlo, sólo para tenerlo con él.

El trozo de pan produjo resultados maravillosos. Los niños fueron a la cama sabiendo instintivamente que ellos tenían alimento para comer al día siguiente. Esta garantía dió a los niños un sueño tranquilo y reparador.[1]

De manera similar, el Señor nos ha dado Su garantía—nuestro "trozo de pan". Al adherirnos a sus promesas de provisión, nosotros podemos relajarnos y estar satisfechos. *"Mi Dios, a su vez, proveerá todas sus necesidades según su inmensa riqueza en Cristo Jesús"* (Filipenses 4:19). Por lo tanto, aún si usted está en medio de un problema financiero extremo, usted puede estar tranquilo porque el Señor ha prometido alimentarle, vestirle y albergarle.

Yo estoy convencido de que el Señor proveerá—al momento justo—los recursos necesarios para cumplir el propósito y el llamado que él tiene para cada uno de nosotros. Esto está ilustrado en 2 Samuel 12:7-8 cuando él habló a David a través del profeta Natán. Entonces Natán dijo a David: *"Esto dice Yavé, el Dios de Israel: Te consagré como rey de Israel, te libré de las manos de Saúl, te di la casa de tu señor y las mujeres de tu señor, te di la casa de Israel y la de Judá, y por si esto fuera poco, habría hecho mucho más por ti"*.

En la vida de David nosotros vemos que Dios no provee al mismo tiempo todos los recursos necesarios para que él sea rey. Ellos llegaron en el momento apropiado, cuando David los necesitó. Ocasionalmente, el Señor ha retenido recursos de *Compass*. Yo he estado confundido algunas veces cuando esto ha ocurrido. Más tarde descubro que si los hubiésemos recibido demasiado pronto, no los habríamos gastado sabiamente.

## CONOCIENDO A DIOS

La razón principal por la que nosotros fallamos para reconocer la parte de Dios es que no entendemos quién es Dios. Con frecuencia, nosotros no tenemos un auténtico temor reverencial por el Señor *"¿Acaso te has olvidado de Yavé, que te creó, que extendió los cielos y que fundó la tierra?"* (Isaías 51:13). Nosotros tendemos a empequeñecer y conformar a Dios con habilidades y limitaciones humanas. Pero si estudiamos lo que la Biblia nos dice acerca de Él podremos expandir nuestra visión para comprender la verdadera perspectiva de Dios. El siguiente es sólo un ejemplo:

### Señor del Universo

El poder y la habilidad de Dios están más allá de nuestro entendimiento. Los astrónomos estiman que hay más de 100 billones de galaxias en el universo, conteniendo cada una billones de estrellas. La distancia entre el final de una galaxia y otra es medida frecuentemente en millones de años luz. Aunque nuestro sol es una estrella relativamente pequeña y tiene una temperatura de 20 millones de grados en su centro, podría contener más de un millón de veces la tierra. Baruc escribió: *"La conoce el que todo lo sabe...el que arregló la tierra para siempre,... 32El que envía la luz, y la luz llega, el que la llama y la vuelve temblorosa: por él se enciendan los astros, llenos de gozo, y cada uno en su puesto vela sobre la noche. Los llama él y responden: ¡Aquí estamos! 35Y brillan alegres a su Creador"* (Baruc 3:32-35).

### Señor de las Naciones

Analice el rol y la posición del Señor relativas a los pueblos y naciones. Isaías 40:21-23 nos dice: *"No lo sabían, o no habían oído hablar de eso?...Él vive más allá del techo de la tierra, desde allí sus habitantes parecen hormigas,...reduce a la nada a los grandes y hace desaparecer a los gobernantes de la tierra"*. De Isaías 40:15,17 nosotros leemos, *"Las naciones son como una gota en el borde del vaso, como un polvillo que se deja en la balanza. Todos los países son como nada delante de él"*.

### Señor del Individuo

Dios no es una "fuerza" distante, desinteresada. Por el contrario, él está involucrado íntimamente con cada uno de nosotros como individuos. El Salmo 139:3-4,16 nos revela: *"Tú sabes si me siento o me levanto, tú conoces de lejos lo que pienso. Aún no está en mi lengua la palabra, cuando ya tú, Señor, la conoces entera. Pues eres tú quien formó mis riñones, quien me tejió en el seno de mi madre. Tus ojos veían todos mis días, todos ya estaban escritos en tu libro, y contados antes de que existiera uno de ellos"*. El Señor está tan involucrado en nuestras vidas que nos asegura, *"En cuanto a ustedes, hasta sus cabellos están contados"* (Mateo 10:30). Nadie nos conoce ni nos ama más que nuestro Padre celestial.

Dios puso las estrellas en el espacio, formó las imponentes montañas y los inmensos océanos de la tierra, y determinó el destino de las naciones. Jeremías observó correctamente, *"Para ti nada es imposible"* (Jeremías 32:17). Dios sabe hasta cuando un gorrión cae al suelo. Él es el Señor del infinito y del infinitesimal.

En resumen, revisemos cuál es la parte de Dios. Él es el dueño, él tiene el control de cada circunstancia y ha prometido satisfacer nuestras necesidades. En otras palabras, Dios, quien creó el mundo y lo mantiene unido, es capaz de desempeñar Sus responsabilidades y mantener Sus promesas. Sin embargo, la parte de Dios es solamente la mitad de la ecuación. En el siguiente capítulo, empezaremos a analizar la otra mitad, nuestra parte.

## CONTRASTE

**La sociedad dice:** Sólo yo soy dueño de lo que poseo; sólo yo controlo mi destino.

**Las Escrituras dicen:** Dios es el dueño de lo que poseo. Él es el soberano, el Dios viviente quien controla todos los eventos.

Al final de la mayoría de los capítulos, después del CONTRASTE entre la sociedad y las Escrituras, habrá una sección de COMPROMISO que le dará la oportunidad para practicar el principio bíblico que se haya tratado. Le desafío y le aliento a realizar las secciones de COMPROMISO, en ellas encontrará la ayuda necesaria para hacer de los principios una parte de su vida.

## COMPROMISO

En el pequeño grupo de estudio *Compass* hacemos un ejercicio de transferir al Señor la propiedad de nuestras posesiones. Para esto nosotros usamos "unas escrituras", porque generalmente las escrituras se usan para transferir una propiedad.

Cuando los participantes del grupo de estudio *Compass* llenan y firman las escrituras, ellos reconocen que Dios es dueño de sus bienes. El ejercicio es importante porque todos nosotros olvidamos ocasionalmente que Dios es dueño de todo. Nosotros actuamos como si fuéramos dueños de todo. Al firmar las escrituras, la persona establece un momento específico de reconocimiento de la propiedad de Dios. Además, una persona puede referirse al documento repetidamente y recordar que Dios es el dueño de todo.

La siguiente información le ayudará a completar las escrituras:

1. Escriba la fecha de hoy.

2. Imprima su nombre. Usted es quien transfiere la propiedad.

3. El Señor es quien recibe los bienes.

4. Haga una piadosa consideración de las posesiones que desea reconocer como propiedades de Dios. Haga entonces una lista de estos artículos.

5. Firme con su nombre.

6. Hay un espacio en la parte de abajo, en la esquina izquierda, para la firma de dos testigos. Estos amigos podrán ayudarle a que se mantenga responsable de reconocer a Dios como dueño de sus posesiones.

## ESCRITURA, EFECTUADA EN
_____EL_____ 20____,

DE: _____

PARA: EL SEÑOR

NOSOTROS TRANSFERIMOS AL SEÑOR LA PROPIEDAD DE

LAS SIGUIENTES POSESIONES:

TESTIGOS PARA MANTENERNOS       FIRMADO POR EL/LOS
RESPONSABLES EN RECONOCER       CORRESPONSABLES DE LAS
LA PROPIEDAD DEL SEÑOR:         POSESIONES ARRIBA
                                MENCIONADAS:

_____       _____

_____       _____

ESTE NO ES UN DOCUMENTO LEGAL

## CUATRO
# NUESTRA PARTE

*Bueno y fiel*

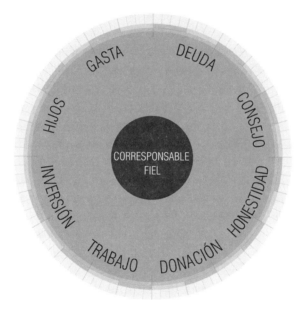

Después de que Alan y Jean firmaron las escrituras, él las deslizó sobre el escritorio. "Siento mucho alivio", dijo. "Sin embargo, siento como si debiera hacer algo más". Alan estaba en lo correcto. Nosotros no podemos sólo sentarnos, no hacer nada y esperar a que Dios actúe. Nosotros tenemos una responsabilidad. Pero al igual que Alan, tal vez no sepamos exactamente cuál es nuestra parte.

Dios, el Amo, es el dueño de todo, el controlador de todos los eventos y nuestro proveedor. Nuestra responsabilidad es ser un corresponsable. La palabra corresponsable puede referirse a dos palabras diferentes: administrador y supervisor.

En las Escrituras la posición de un administrador tiene una gran responsabilidad. Él o ella es la autoridad suprema bajo el amo y tiene la responsabilidad completa de todas sus posesiones y asuntos domésticos.

Al analizar las Escrituras nosotros vemos que Dios, como Amo, nos ha dado la autoridad para ser corresponsables. *"Un poco inferior a un Dios lo hiciste; lo coronaste de gloria y esplendor"* (Salmos 8:6).

Nuestra única responsabilidad es ser fieles. *"Si somos administradores, se nos exigirá ser fieles"* (1 Corintios 4:2). Antes de ser fieles, nosotros debemos saber qué se nos exige hacer. De la misma manera que el comprador de una máquina complicada estudia el manual del fabricante para aprender a operarla apropiadamente, nosotros necesitamos analizar el manual del Creador, las Sagradas Escrituras, el Catecismo de la Iglesia Católica y la Tradición Sagradas para determinar cómo quiere Él que manejemos Sus posesiones. Es necesario entender varios elementos de fidelidad:

**1. Ser fieles con todos nuestros recursos.**

Dios quiere que seamos fieles en el manejo de todo nuestro dinero. Desafortunadamente, la mayoría de los católicos hemos aprendido cómo manejar solamente una parte de nuestro ingreso a la manera de Dios, el área de la donación. Aunque esta área es crucial, también lo es el resto de nuestro ingreso, el cual frecuentemente manejamos desde la perspectiva del mundo y no desde la perspectiva de Dios.

Como resultado de no haber sido instruidos para manejar el dinero bíblicamente, muchos cristianos han desarrollado actitudes erróneas hacia las posesiones. Esto los lleva con frecuencia a tomar malas decisiones financieras con consecuencias perjudiciales. En Oseas 4:6 se lee, *"Mi pueblo languidece por falta de conocimiento..."* La ignorancia o la desobediencia de los principios financieros de las Escrituras, causa frecuentemente problemas de dinero.

## 2. Ser fieles sin tener en cuenta cuánto tenemos.

El tema en las Escrituras es cómo manejar fielmente todo lo que Dios nos ha confiado. El corresponsable fiel es responsable de lo que él o ella tiene, sea mucho o poco. La parábola de los talentos ilustra esto: *"...un hombre estaba a punto de partir a tierras lejanas, y reunió a sus servidores para confiarles todas sus pertenecías. Al primero le dio cinco talentos de oro, a otro le dio dos, y al tercero solamente uno, a cada uno según su capacidad. Y se marchó"* (Mateo 25:14-15).

Cuando el patrón regresó, llamó a cada uno a rendirle cuentas del manejo fiel de sus bienes. El patrón aclamó al sirviente fiel que recibió los cinco talentos: *"muy bien, servidor bueno y honrado; ya que has sido fiel en lo poco, yo te voy a confiar mucho más. Ven a compartir la alegría de tu patrón"* (Mateo 25:21).

Interesantemente, el servidor a quien se le dieron dos talentos recibió una recompensa idéntica a la del servidor que recibió los cinco talentos (ver Mateo 25:23). Se nos exige ser fieles bien sea que se nos dé mucho o poco. En 1 Pedro 4:10 se nos dice, que *"cada uno ponga al servicio de los demás el carisma que ha recibido, y de este modo serán buenos administradores de Dios"*.

¿Qué identifica a un corresponsable? El Catecismo de la Iglesia Católica provee varias respuestas. "Salvaguardar material y recursos humanos y usarlos responsablemente es una respuesta; así como lo es la donación generosa de tiempo, talento y tesoro. Sin embargo, ser un corresponsable cristiano, significa mucho más. Como corresponsables cristianos nosotros recibimos los dones de Dios con agradecimiento, los cultivamos responsablemente, los compartimos en justicia con otros amorosamente, y los devolvemos al Señor con incremento".(USCCB; Catecismo Católico para Adultos de Estados Unidos; Washington, D.C. Julio 2006; p 450).

Se nos pide ser fieles, bien sea que se nos haya dado mucho o poco. Como alguien dijo una vez, "No es lo que yo haría si ganara un millón de dólares en la lotería, sino qué es lo que estoy haciendo con los diez dólares que tengo".

### 3. Fidelidad en la pequeñas cosas.

En Lucas 16:10 se lee, *"El que ha sido digno de confianza en cosas sin importancia, será digno de confianza también en las importantes".* ¿Cómo sabe usted si un hijo tendrá cuidado de su primer auto? Observe cómo cuidó de su bicicleta. ¿Cómo sabe si una persona de ventas hará un trabajo competente atendiendo a un cliente grande? Observe la manera en que atendió a un cliente pequeño. Si nosotros tenemos el carácter para ser fieles en las cosas pequeñas, el Señor sabe que él puede confiarnos responsabilidades mayores.

> *"Seamos fieles en las cosas pequeñas porque ahí estará nuestra fortaleza"*
>
> Madre Teresa

### 4. Ser fieles con los bienes de los demás.

La fidelidad con los bienes de otros, en alguna medida, determinará la cantidad que le será confiada. *"Y si no se han mostrado dignos de confianza con cosas ajenas, ¿quién les confiará los bienes que son realmente nuestros?"* (Lucas 16:12). Con frecuencia, este principio es pasado por alto. ¿Es usted fiel con los bienes de otros cuando le permiten tomarlos prestados? ¿Es usted descuidado con los artículos de oficina de su empleador? ¿Desperdicia usted electricidad cuando se encuentra hospedado en una habitación de hotel? Cuando alguien le permite usar algo, ¿tiene usted cuidado de regresarlo en buenas condiciones? Con seguridad, usted no ha sido más dado a algunas personas porque ellas no han sido fieles con los bienes de otros.

Nosotros necesitamos tener en cuenta que nuestro rol como corresponsables es "todo incluido". *"La corresponsabilidad cristiana, por lo tanto, aplica a todo – a todos los talentos personales, a las habilidades y la riqueza; al medio ambiente local, nacional y mundial; a todos los recursos humanos y naturales donde quiera que se encuentren; al orden económico; a los asuntos gubernamentales; y aún al espacio exterior. Esta corresponsabilidad no tolera la indiferencia a cualquier cosa importante en el mundo de Dios"* (USCCB, Corresponsabilidad: La Respuesta del Discípulo p. 48).

Dios promete hacer su parte en nuestras finanzas. Nuestra parte es crecer fielmente como corresponsables.

### 5. La fidelidad construye el carácter.

Dios usa el dinero para perfeccionar nuestro carácter. El el año 1918, David McConaughy escribió el libro: *Money, the Acid Test* (El Dinero, la Prueba de Fuego). En él dijo:

"El dinero, la más temporal de las cosas, involucra consecuencias singulares y eternas. A pesar de que se haga completamente inconsciente, el dinero moldea a la gente – en el proceso de obtenerlo, de ahorrarlo, de usarlo, de donarlo, de representarlo. Dependiendo de cómo es manejado, éste prueba ser una bendición o una maldición para su poseedor; según sea que la persona se convierta en amo del dinero o que el dinero se convierta en amo de la persona".

"Nuestro Señor toma el dinero, esa cosa que, aunque es esencial para nuestra vida en común, algunas veces parece demasiado sórdida, y Él, lo hace un medio para poner a prueba la vida de las personas, y un instrumento para moldearles a su propia imagen".[2]

Nosotros podemos encontrar correlaciones entre el desarrollo del carácter de la gente y cómo maneja el dinero a través de la Biblia. El dinero se estima como índice del verdadero carácter de la persona. Sin duda alguna usted ha escuchado la expresión "el dinero habla", y ciertamente lo hace. Usted puede decir mucho acerca del carácter de una persona al examinar su estado de cuenta bancario o de su tarjeta de crédito, ¿Por qué? Porque nosotros gastamos el dinero en lo que consideramos es más importante.

**6. La fidelidad nos guía al compromiso.**

Una vez que conocemos la parte de Dios y hacemos fielmente nuestra parte, nosotros podemos estar satisfechos. En Filipenses descubrimos que Pablo había aprendido a estar satisfecho porque él sabía que el Señor le proveería en todas sus necesidades y él había sido fiel: *"Pongan en práctica todo lo que han aprendido, recibido y oído de mí, todo lo que me han visto hacer, y el Dios de la paz estará con ustedes"*. (Filipenses 4:9)

Al aplicar los principios de la economía de Dios, nosotros empezaremos a salir de la deuda, a gastar más inteligentemente, a iniciar un ahorro para nuestras metas futuras y a dar aún más para el trabajo de Cristo. La Biblia ofrece soluciones reales para los problemas financieros de hoy. Cada uno de los siguientes capítulos explica cada una de las áreas específicas de comportamiento necesarias para lograr ser corresponsables fieles.

Al inicio de la mayoría de los capítulos restantes nosotros completaremos una sección de la "rueda de la fidelidad" ilustrada en la siguiente página. Esto ayudará a comprender las responsabilidades de un corresponsable fiel.

## CONTRASTE

**La sociedad dice:** Usted ganó su dinero, ahora gástelo de la manera que usted elija y será feliz.

**Las Escrituras dicen:** Usted podrá estar satisfecho solamente si ha sido un corresponsable fiel manejando su dinero desde la perspectiva del Señor.

## COMPROMISO

Ore para ser un corresponsable fiel de todas las bendiciones que Dios le ha provisto.

# CINCO
# DEUDA

*Actúe de acuerdo a su salario*

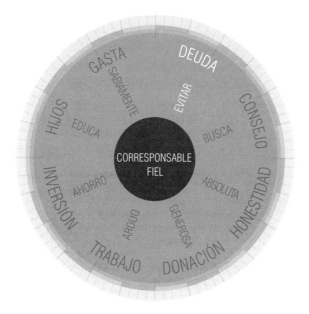

El problema financiero más inmediato que enfrentaron Alan y Jean fue la presión de sus acreedores. ¡Y vaya si los tenían! Ellos tenían dos préstamos bancarios, cuentas de tres tiendas por departamento y un saldo pendiente en una variedad de tarjetas de crédito. Además, tenían la hipoteca de la casa.

El endeudamiento de los Hitchcock empezó justo después de su matrimonio, cuando ellos solicitaron su primer préstamo. Jean, quien se crió en una familia rica, dijo: "nuestros amigos tienen autos nuevos y nosotros nos sentimos marginados. Nosotros también tenemos que tener un auto nuevo". Más tarde, cuando ellos fueron transferidos a Orlando, compraron una casa en los suburbios, con un préstamo para el pago inicial. Las deudas continuaron acumulándose. "Finalmente", dijo Jean, "el empleado del banco nos dijo que iba a tomar nuestra casa y una parte del salario de Alan".

> *Cualquier gobierno, al igual que cualquier familia, puede en un año gastar un poco más de lo que gana. Pero tanto usted como yo sabemos que mantener ese hábito, implica terminar en La casa de los pobres"*
>
> Franklin D. Roosevelt, 1932

"La mayoría de nuestras deudas fueron acumulándose lentamente a través de los años" dijo Alan, por lo que nosotros no nos dimos cuenta de lo que estaba pasando hasta que fue demasiado tarde".

Cada año millones de personas se encuentran en el mismo predicamento que los Hitchcock. Un experto en crédito dice que una razón fundamental es "el daño a la habilidad para pagar de los deudores". Las personas toman préstamos asumiendo que tendrán un flujo de ingreso estable; entonces, lo inesperado sucede. Alguien se enferma. Un nuevo bebé viene en camino. Un patrón cierra la empresa.

## Incremento de la deuda

El gobierno, los negocios y la deuda personal están estallando en nuestra nación. Si usted convirtiera la deuda total en billetes de un dólar, y los colocara de principio a fin en el espacio, se extenderían más de tres billones de millas...¡más allá del sol! La economía está cabalgando en una montaña de deuda creciente.

"Con tanto crédito alrededor usted es obligado a tener bajas", Vern Countryman, un profesor de Harvard, explica: "es simplemente como los accidentes de auto. Si usted va a tener todos esos autos, usted va a tener accidentes". Cada año, más de un millón de individuos se declaran en bancarrota –más bancarrotas que durante la época de la Gran Depresión. Los consumidores de ahora gastan aproximadamente uno de cada cinco dólares del salario neto en deudas personales, sin incluir la hipoteca de la casa. Más aleccionadora es una encuesta que encontró que el 56% de todos los divorcios son el resultado de tensiones financieras en el hogar. En la actualidad, para muchos, el voto matrimonial más preciso habría sido, "hasta que la deuda nos separe". Dichas tensiones financieras existen en gran medida debido a que los consumidores creen en "el evangelio de acuerdo a la Avenida Madison", el cual dice, "compre ahora y pague después con fáciles abonos mensuales". Todos sabemos que nada acerca de estos pagos mensuales es fácil.

## ¿QUÉ ES LA DEUDA?

Los prestamistas y publicistas usan definiciones de deuda tan atractivas que enmascaran su cruda realidad. El diccionario de sinónimos enlista los siguientes significados para la palabra deuda: sujeto al pago de daños y perjuicios, negativo, empeñado, en contra, entorpecido por, insolvente, en el agujero, quebrado. ¿Se siente usted incómodo al leer esta lista? No he visto aún una publicidad que prometa la buena vida de "compre ahora y pague después" balanceada con esas palabras que describen la realidad de la deuda. ¿Ha pensado usted que quizás los publicistas no estén diciendo toda la verdad de lo que sigifica vivir una vida abundante como miembro del "grupo de la deuda"?

El diccionario define deuda como: "dinero o propiedad, que una persona está obligada a pagar a otra". La deuda incluye el dinero adeudado a las compañías de tarjetas de crédito, préstamos bancarios, dinero prestado por familiares, la hipoteca de la casa y las cuentas médicas atrasadas. Las facturas con vencimiento, como el recibo de la electricidad mensual, no son consideradas deudas si son pagadas a tiempo.

## ¿CUÁL ES EL COSTO REAL DE LA DEUDA?

Nosotros necesitamos entender el costo real de la deuda. Los dos tipos más comunes de deuda son: las tarjetas de crédito y la hipoteca de la casa.

### Deuda de tarjeta de crédito

Suponga usted que tiene $5.560 en deuda de tarjeta de crédito a un interés anual del 18%. Esto le costará a usted cerca de $1.000 en interés anual. El estudio está descrito en gráfica en la página 34.

Usted puede ver lo que los prestamistas han sabido por largo tiempo...el interés compuesto tiene un impacto increíble. Éste puede trabajar para usted o en su contra. Suponga que el interés ganado o gastado no tiene consecuencias de impuestos; si usted paga a un prestador $1.000 cada año por cuarenta años, él acumulará $4.163.213 si obtiene el 18% por su pago. ¿Es de extrañar que algunas compañías de tarjetas de crédito estén ansiosas de que usted sea uno de sus tarjetahabientes?

Ahora compare los $40.000 que usted pagó de interés durante 40 años con los $486.851 dólares que usted pudo haber acumulado si usted hubiera invertido $1.000 podía ganar el 10%. Claramente, la deuda tiene un costo mucho más alto del que muchos pudieran pensar. La próxima vez que usted esté tentado a pedir un préstamo, pregúntese a usted mismo si los beneficios a largo plazo de permanecer sin deudas sobrepasan los beneficios a corto plazo de la compra.

## 1. Cantidad de interés que usted pagó:

| AÑO 5 | AÑO 10 | AÑO 20 | AÑO 30 | AÑO 40 |
|-------|--------|--------|--------|--------|
| $5.000 | $10.000 | $20.000 | $30.000 | $40.000 |

## 2. Lo que usted ganaría sobre $1.000 invertidos al 10%:

| AÑO 5 | AÑO 10 | AÑO 20 | AÑO 30 | AÑO 40 |
|-------|--------|--------|--------|--------|
| $6.716 | $17.531 | $63.003 | $180.943 | $486.851 |

## 3. Cuánto gana el prestador sobre su pago al 18% de interés:

| AÑO 5 | AÑO 10 | AÑO 20 | AÑO 30 | AÑO 40 |
|-------|--------|--------|--------|--------|
| $7.154 | $23.521 | $146.628 | $790.948 | $4.163.213 |

### Hipoteca de una casa

La hipoteca de una casa a 30 años, con una tasa de interés del 7%, requerirá que usted pague más del doble del monto prestado originalmente.

Monto original de la hipoteca ...................................$100.000

Pago mensual de la hipoteca con
tasa de interés del 7% ............................................$665,30

Meses pagados ...........................................................x 360

Total de pagos ........................................................$239.508

La deuda tiene también consecuencias físicas. Frecuentemente aumenta el estrés, lo cual contribuye a la fatiga mental, física y emocional. Ésta puede reprimir la creatividad y dañar las relaciones. Mucha gente eleva su estándar de vida a través de las deudas, sólo para descubrir que la carga de las deudas controla su estilo de vida. Al aplicar el popular refrán de la canción de la película de Blanca Nieves de Walt Disney, "I owe, I owe, it's off to work I go", a esta situación pudiéramos decir que es una realidad desafortunada para muchas personas.

## ¿QUÉ DICEN LAS ESCRITURAS ACERCA DE LA DEUDA?

La perspectiva de las Escrituras con relación a la deuda es muy clara. Lea cuidadosamente la primera parte de Romanos 13:8 de varias traducciones diferentes de la Biblia: *"no debáis a nadie nada"* (KJV). *"Paguen todas sus deudas"* (TLB). *"No deban a nadie nada"* (NAB). *"Manténganse alejados de la deuda y no deban a nadie nada"* (AMP).

En Proverbios 22:7 nosotros aprendimos que nuestro Señor habla directamente de la deuda. *"El rico domina al pobre, el deudor está a merced de su acreedor"*. Cuando nosotros estamos en deuda, estamos en una posición de esclavitud con el acreedor. Ciertamente entre más profundo estemos en la deuda, más esclavizados estaremos.

Nosotros no tenemos la libertad de decidir dónde gastar nuestro ingreso porque nos hemos obligado legalmente a cumplir con esas deudas.

En 1 Corintios 7:23 Pablo escribe, *"ustedes han sido comprados a un precio muy alto; no se hagan esclavos de otros hombres"*. Nuestro Padre hizo el máximo sacrificio dándonos a Su Hijo, el Señor, Jesucristo, para morir por nosotros. Él quiere ahora a Sus hijos libres para servirle a Él en la manera que Él elija.

### La deuda fue considerada como una maldición.

En el Antiguo Testamento una de las recompensas por la obediencia era estar libre de deuda, *"Ahora bien, si tu obedeces de verdad a la voz de Yavé [Cursiva nuestra], tu Dios, practicando y guardando todos los mandamientos que te prescribo hoy, Yavé [Cursiva nuestra], tu Dios, te levantará por encima de todas las naciones de la tierra. Entonces vendrán sobre ti y te alcanzarán todas las bendiciones siguientes, por* *haber obedecido a la voz de **Yavé** [Cursiva nuestra] tu Dios... Tú prestarás a naciones numerosas y **no pedirás prestado a ninguna**[Cursiva nuestra]"* (Deuteronomio 28:12, 12).

De manera inversa, el endeudamiento fue una de las maldiciones impuestas por la desobediencia. *"Pero si no obedeces la voz de Yavé tu Dios, y no pones en práctica todos sus mandamientos y normas que hoy te prescribo, vendrán sobre ti todas estas maldiciones...El forastero que vive contigo se hará cada día más rico, y tú cada día serás más pobre. Él **te prestará**[Cursiva nuestra] y tú tendrás que pedir prestado; él estará a la cabeza y tú a la cola"* (Deuteronomio 28:15, 43-44).

**La deuda asume sobre el mañana.**

Cuando nosotros tenemos una deuda, asumimos que ganaremos lo suficiente o tendremos los recursos suficientes para pagarla. Pensamos que nuestro trabajo continuará o que nuestro negocio o inversiones serán rentables. Las Escrituras nos aconsejan precaución de asumir el mañana, *"Ahora les toca el turno a los que dicen: hoy o mañana iremos a tal ciudad y pasaremos allí el año, haremos buenos negocios y obtendremos ganancias. Pero ustedes no saben lo que será el mañana, ¿estarán con vida todavía? ¿Por qué no dicen más bien; si Dios nos da vida, haremos esto o lo otro?"* (Santiago 4:13-15).

**La deuda puede negar a Dios una oportunidad.**

La maldición y la esclavitud financiera de la deuda quedan claro cuando una persona es incapaz de reaccionar cuando Dios quiere que haga algo para construir su reino. En el año de 1995, pidieron a Jon y a Evelyn unirse al personal de un ministerio nacional para ayudar a dirigir la iniciativa católica. Aunque ellos habían eliminado algunas de sus deudas, aún tenían muchas como para pensar en dejar sus trabajos.

Transcurrieron casi doce años antes de que ellos estuvieran completamente libres de deudas, y de que pudieran empezar a trabajar para el Señor a tiempo completo. Aunque Jon y Evelyn estuvieron activos en el ministerio como voluntarios, sólo Dios sabe lo que ellos habrían podido lograr durante los doce años, si hubieran estado económicamente libres de deuda para unirse al ministerio.

## ¿CUÁNDO PODEMOS PEDIR DINERO PRESTADO?

Las Escrituras guardan silencio acerca de el tema de cuándo podemos pedir dinero prestado. En mi opinión es posible pedir un préstamo para la hipoteca de una casa o para un negocio o carrera universitaria. Esta "deuda posible" es permisible, creemos, solamente en el caso de que reuna los siguientes tres criterios:

1. El artículo comprado debe ser un capital con el potencial de aumentar su valor o producir un ingreso.

2. El valor del artículo iguala o excede el monto del préstamo contra él.

3. La deuda no debe ser tan grande para que el reembolso no ponga tensión excesiva en el presupuesto.

Permítame darle un ejemplo de cómo categorizar la hipoteca de una casa. Históricamente, la casa por lo regular (aunque el mercado de los bienes raíces no lo demuestre,) ha sido un bien que aumenta su valor; por lo tanto éste reúne el primer requisito. Otro ejemplo es, si usted invierte un pago inicial razonable al menos del 20%, usted podría, en circunstancias normales esperar vender la casa por el mínimo suficiente para satisfacer la hipoteca. Por último, el pago mensual no debe tensar su presupuesto. Como regla de oro, todos los gastos de la casa -incluidos el pago de la hipoteca, electricidad, agua, gas, impuestos, seguro médico, seguro de vida y mantenimiento-, no deben exceder el 40% de su ingreso.

Si usted reúne todos los criterios y acepta alguna "deuda posible," espero que usted establezca inmediatamente la meta para eliminarla. Como hemos visto, nosotros no sabemos si el mercado de los bienes raíces aumentará o mantendrá el valor actual. Recuerde que la pérdida de un trabajo puede interrumpir su ingreso. Por lo tanto, les recomiendo encarecidamente que consideren orar por la liquidación de toda su deuda.

## CONTRASTE

**La sociedad dice:** La deuda es buena.

**Las Escrituras dicen:** La deuda es una maldición.

## COMPROMISO

Desde hoy no incurra en ninguna deuda nueva.

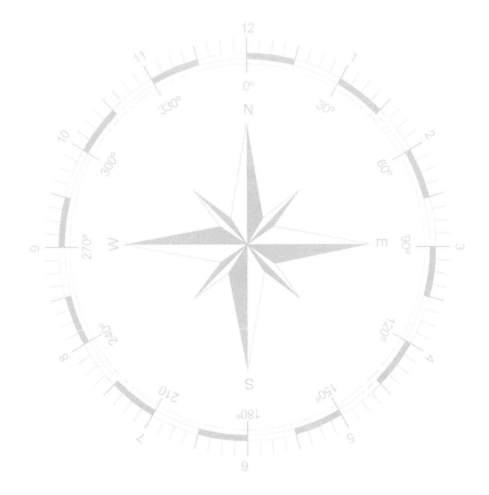

## SEIS

# LIBERÁNDOSE DE
# LAS DEUDAS

---

*Día "D"*

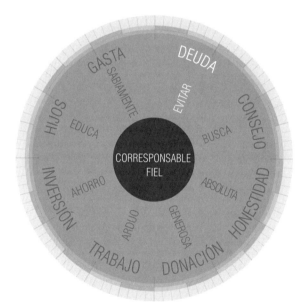

Existen tantas deudas personales en nuestra nación, que la persona promedio ha sido descrita como: alguien que maneja en una carretera financiada por bonos, en un auto financiado por el banco, impulsado por gasolina financiada por una tarjeta de crédito, que compra muebles con un plan de financiamiento, para poner en su casa financiada por una compañía de hipotecas.

Alan dijo, "Espero no aceptar otra deuda nunca".

"Yo no sabía", recordó Jean. "Yo no tenía experiencia. ¿De qué estaban ellos hablando? ¿De reptiles venenosos? ¿De material radiactivo? ¿De drogas agresivas?".

No. Ellos hablaban de tarjetas de crédito. Los Hitchcock acumularon miles de dólares en deuda sobre tarjetas de crédito y estuvieron pagando una tasa de interés muy alta por el "privilegio". Este es un predicamento común. La fácil disponibilidad de tarjetas de crédito ha producido un crecimiento fenomenal en el número de tarjetas que tienen los clientes. La gente tiene cientos de millones en tarjetas y el promedio lleva consigo más de seis tarjetas de crédito en su cartera.

Al final de la conferencia inicial con los Hitchcock, Alan pidió mis tijeras. Él quería hacer algunas "cirugías plásticas". Como símbolo de su voto para liberarse de las deudas, él cortó sus tarjetas de crédito en trozos pequeños. Si ellos continuaban en su compromiso, estarían en la minoría. Menos del 50% de las personas que comienzan a eliminar sus deudas logran liberarse de ellas en su totalidad.

## CÓMO LIBERARSE DE LA DEUDA

El camino para liberarse de la deuda dependerá de las circunstancias en las que se encuentre. Los pasos siguientes son una guía para su jornada. Los pasos son sencillos, pero seguirlos requiere de arduo trabajo. La meta es "Día D" "Día libre de deudas" el día que usted se libere totalmente de sus deudas.

### 1. Ore.

En 2 Reyes 4:1-7 una viuda era amenazada con entregar a sus hijos como esclavos a su acreedor, y ella le pidió ayuda a Eliseo. Eliseo instruyó a la viuda para que pidiera prestados cántaros vacíos a sus vecinos. El Señor multiplicó su único bien, una pequeña cantidad de aceite, de manera sobrenatural. Como resultado, todos los cántaros fueron llenados. Ella vendió el aceite y pagó sus deudas para liberar a sus hijos. El mismo Dios que proveyó por la viuda, está interesado en que usted también se libere de las deudas.

El primer paso es el más importante. Orar. Pida la ayuda y la guía del Señor en su jornada hacia el "Día libre de deudas". Él tal vez actúe inmediatamente, como en el caso de la viuda, o lentamente con el tiempo. Cualquiera que sea el caso, la oración es fundamental.

Yo he observado una tendencia. Cuando las personas empiezan a eliminar la deuda y a acelerar el reembolso de las deudas, el Señor bendice su fidelidad. Aún si usted sólo puede hacer un pequeño pre-pago para reducir su deuda, por favor, hágalo. El Señor puede multiplicar sus esfuerzos.

## 2. Establezca un presupuesto por escrito.

En mi experiencia, muy pocas personas que se encuentran en deuda han estado usando un presupuesto escrito. Ellas pueden haber tenido uno, archivado cuidadosamente en un cajón, pero sin usarlo. Un presupuesto escrito le ayuda a prepararse de antemano y a analizar sus patrones de gastos para ver donde puede usted reducirlos. Esta es una brida muy efectiva para frenar el impulso de gastar.

## 3. Haga una lista de sus bienes –todo lo que usted posee.

Haga una lista de todos sus bienes: su casa, su auto, sus muebles, etc. Evalúe la lista para determinar si usted puede vender algo.

> *El rico se hace dueño de los pobres, y el que toma prestado se hace siervo del que presta*
>
> Proverbios 22:7

Al empezar a considerar los artículos que los Hitchcock podrían vender, el más obvio fue su segundo auto.

"Yo no puedo prescindir de mi auto, Alan", protestó Jean.

Alan se sintió herido y culpable. Él no quería privar a su esposa de algo que ella quería, pero ambos comprendieron que era necesaria una acción drástica. Al decidir vender el auto y la colección de armas de Alan, los Hitchcock cortaron la deuda y empezaron a usar la cantidad que pagaban mensualmente por el auto para reducir algunas de sus otras deudas.

Aunque el Catecismo no tiene ninguna referencia directa a la deuda, éste aborda el tema de desear versus necesitar, que puede resumirse en la virtud de la templanza. El diccionario define templanza como restricción, limitación y dominio de sí mismo. Todos tenemos deseos; la templanza es la virtud que nos impulsa a controlarlos y quedarnos dentro de los límites de nuestro presupuesto. Sirácides 5:2 nos ayuda a definir la templanza: *"No te dejes arrastrar por la violencia o el deseo de tener; harán de ti su esclavo"*. También en Sirácides 18:30 nosotros aprendemos, *"No te dejes llevar por tus ambiciones, refrena tus apetitos"* (Cf. CCC1809).

**4. Haga una lista de sus responsabilidades – todo lo que usted adeuda.**

Muchas personas no saben con exactitud cuánto adeudan. Haga una lista de sus deudas para tener un marco preciso.

### LISTA DE DEUDAS—LO QUE ADEUDA

|  | CANTIDAD ADEUDADA | PAGO MENSUAL | TASA DE INTERÉS |
|---|---|---|---|
| HIPOTECA DE LA CASA |  |  |  |
| TARJETAS DE CRÉDITO |  |  |  |
| BANCOS |  |  |  |
| PAGOS DE PRÉSTAMOS |  |  |  |

| | | | |
|---|---|---|---|
| COMPAÑÍAS DE PRÉSTAMOS | | | |
| COMPAÑÍAS ASEGURADORAS | | | |
| COOPERATIVA DE CRÉDITO | | | |
| PRÉSTAMOS DE FAMILIARES | | | |
| PRÉSTAMOS ESCOLARES | | | |
| PRÉSTAMOS DE NEGOCIOS | | | |
| CUENTAS MÉDICAS | | | |
| OTROS | | | |
| TOTAL DE DEUDAS | | | |

## 5. Aplique el efecto "bola de nieve" a su deuda.

Aplique el efecto "bola de nieve" a su deuda de la siguiente manera; empiece por el pago de sus tarjetas de crédito, porque usualmente tienen la tasa de interés más alta.

Además de a los pagos mínimos de todas sus tarjetas de crédito, enfóquese en pagar la tarjeta en la que adeude una cantidad menor para liberarla primero. ¡Usted se motivará al ver que su total se reduce, se reduce y finalmente desaparece!

Después de que la primera tarjeta de crédito sea eliminada, aplique su pago a la siguiente tarjeta cuyo saldo sea menor. ¡Así es como actúa el efecto de la bola de nieve!

Cuando usted hace un giro como este, comienza a emocionarse. Esos estados de cuenta "imposibles" que le han preocupado y robado su tranquilidad, empezarán a disminuir ante sus ojos.

Y después de que usted termine de eliminar sus tarjetas de crédito, aplique el mismo concepto de la bola de nieve al resto de sus deudas—inicie con la que tenga el saldo menor y ¡hágala rodar como bola de nieve hasta liberarla!

## 6. Ganar un ingreso adicional.

Muchas personas tienen trabajos que simplemente no producen un ingreso suficiente para llegar a fin de mes y liberar la deuda, aún si ellas gastan inteligentemente. Aquí radica la importancia acerca de ganar un ingreso adicional. Decida con anticipación qué cuentas va a liberar con sus ingresos adicionales, porque tenemos la tendencia de gastar más de lo que ganamos, bien sea que ganemos mucho o poco.

Jean Hitchcock probó ser una persona innovadora. Ella empezó una "mini-guardería" en su casa, cuidando a cuatro niños de su vecindario durante el día mientras los padres de los niños trabajaban. Los dos hijos mayores de los Hitchcock se motivaron también a cuidar niños en las tardes, y contribuyeron con la mitad de sus ingresos a la reducción de la deuda de la familia.

Estas son sólo algunas de las miles de maneras creativas de ganar un ingreso adicional para salir de la deuda más rápido. Sin embargo, no importa cuánto ingreso adicional gane usted, la clave está en comprometerse a aplicar pagos para la reducción de su deuda y no a aumentar sus gastos.

## 7. No acumule deudas nuevas.

La única manera que conozco de no acumular deudas adicionales es pagar en efectivo, con cheque o tarjeta de débito al momento de la compra. Esto plantea la cuestión de las tarjetas de crédito. No creo que las tarjetas de crédito sean intrínsecamente pecaminosas, pero son peligrosas. Las estadísticas muestran que la gente gasta cerca de un tercio más cuando usa tarjetas de crédito que cuando usa efectivo, por la sensación de que no es usted que está gastando dinero, sino una tarjeta plástica. Como dijo un comprador a otro, "¡me gustan mucho más las tarjetas de crédito que el dinero porque ellas van más lejos!".

Cuando mi esposa Bev y yo iniciamos este estudio, teníamos nueve tarjetas de crédito. Actualmente solo tenemos dos. Cuando analizo la situación financiera de las personas en deuda, uso una sencilla regla de oro para determinar si las tarjetas de crédito son demasiado peligrosas para ellas. Si ellas no pagan el total de su cuenta al final de cada mes, yo les aliento para que lleven a cabo una "cirugía plástica". ¡Con unas buenas tijeras lo harán!

## 8. Siéntase satisfecho con lo que tiene.

Vivimos en una cultura cuya industria publicitaria ha creado métodos poderosos y sofisticados para persuadir al consumidor a comprar. Frecuentemente, el mensaje tiene por finalidad crear insatisfacción con lo que tenemos.

Una empresa Norteamericana abrió una planta nueva en América Central porque había mayo mano de obra y era poco costosa. La apertura de la planta procedió sin esfuerzos hasta que los trabajadores recibieron su primer sueldo. Al siguiente día ningún trabajador se reportó a trabajar. La administración esperó…uno, dos, tres días. Aún no se presentaban los habitantes del pueblo a trabajar. El gerente de la planta fue a ver al jefe del pueblo para hablar del problema. "¿Por qué debemos continuar el trabajo?" preguntó el jefe en respuesta a la pregunta del gerente. "Nosotros estamos satisfechos. Hemos ganado ya todo el dinero que necesitamos para vivir".

La planta permaneció inactiva por dos meses hasta que alguien propuso la idea de enviar a cada habitante del pueblo un catálogo para ordenar por correo. Leer los catálogos creó nuevos deseos en los lugareños. Pronto, ellos regresaron a trabajar, y desde entonces no ha habido problema de empleo en el lugar.

Note los siguientes hechos:

- Si usted ve más la televisión, usted gasta más.
- Si usted lee más catálogos y revistas o navega en la Web, usted gasta más.
- Si usted compra más, usted gasta más.

Nuestra familia es una evidencia de esto. Cuando mi nieta desea repentinamente un vaso especial de un restaurante de comida rápida, yo sé que ella ha visto un comercial en la televisión. Claramente, limitar nuestro tiempo de ver la televisión y de navegar en la Web, limita también nuestros deseos de comprar.

**9. Considere un cambio radical en su estilo de vida.**

Un creciente número de personas ha disminuido sus gastos significativamente para liberarse de las deudas más rápidamente. Algunas de ellas han vendido sus casas y se han movido a una más pequeña, o han rentado apartamentos, o incluso se han movido a la casa de algún familiar. Muchas personas han vendido los autos por los que pagaban mensualidades muy altas y han comprado, de contado, autos usados menos costosos. Ellas han reducido temporalmente su costo de vida para liberarse de la deuda.

**10. ¡No retroceda!**

Reconocer desde el principio que habrán cientos de razone de razones por las cuales usted debe renunciar a sus esfuerzos para liberarse de la deuda. No ceda ante la tentación de retroceder en su compromiso. No se detenga hasta haber logrado la maravillosa meta de vivir libre de deudas. Recuerde, liberarse de deudas es un trabajo difícil, pero la libertad vale la pena el esfuerzo.

## ¿CÓMO ESCAPAMOS DE LA TRAMPA DE LA DEUDA DE UN AUTO?

La deuda de un automóvil es una de las causas principales que conduce al consumidor al endeudamiento. Cerca del 70% de todos los autos en nuestro país son financiados. La persona promedio conserva un auto entre tres y cuatro años. El promedio de los autos tienen duración de diez años.

Aquí le mostramos cómo puede usted escapar de la trampa de una deuda de auto. Primero, decida anticipadamente conservar su auto al menos tres años después de que pague el préstamo. Segundo, liquide la deuda del préstamo para su auto. Tercero, continúe haciendo el pago mensual de su auto, pero en su cuenta de ahorros. Entonces cuando esté listo para reemplazar su auto, el ahorro en efectivo más lo que reciba por la venta de su auto, debe ser suficiente para comprar un buen auto usado con pocas millas, sin que incurra en una deuda.

## ¿QUÉ HACER CON LA HIPOTECA DE LA CASA?

Si usted es dueño de una casa, le desafío a que busque la guía del Señor relacionada a la deuda de un hogar. ¿Es posible que Él desee que usted liquide todo lo que debe, incluida su hipoteca? Usualmente esta es una meta a largo plazo debido al valor de una hipoteca promedio.

Cuando mi esposa y yo empezamos a explorar seriamente lo que Dios quería para nosotros, sentimos que íbamos a trabajar para liquidar todo, incluso la hipoteca. Sinceramente, esta era una meta irrealista para nosotros en ese momento, sin embargo, investigamos cómo podríamos lograrlo.

Examinemos la agenda de pagos de una hipoteca. Por favor no deje que la cantidad de la hipoteca o la tasa de interés obstaculice su pensamiento. En la siguiente tabla mostramos como ejemplo una hipoteca de $100.000 a una tasa de interés del 7%, que debe pagarse en 30 años. El primer año de la agenda de pagos (conocida también como agenda de amortización) estaría de acuerdo a la tabla que sigue.

Como usted puede ver, durante los primeros años de la hipoteca casi todos los pagos son para el pago de los intereses. De un total de $7.983.60 en pagos de la casa hechos durante el primer año, sólo $1.015,81 fueron destinados a la reducción del capital. De hecho, transcurrirán cerca de 20 años antes de que el capital principal y el interés del pago se igualen. No sé qué piensa usted, pero una meta de 30 años para liquidar la hipoteca de mi casa no me entusiasma.

Si esta puede ser reducida a 15 años, entonces la meta sería más alcanzable.

| Pago # | Mes | Pago | Interés | Capital | Balance de Capital |
|--------|-----|------|---------|---------|--------------------|
| 1 | Jan | 665,30 | 583,33 | 81,97 | 99.918,03 |
| 2 | Feb | 665,30 | 582,86 | 82,45 | 99.835,58 |
| 3 | Mar | 665,30 | 582,37 | 82,93 | 99.752,66 |
| 4 | Apr | 665,30 | 581,89 | 83,41 | 99.669,24 |
| 5 | May | 665,30 | 581,40 | 83,90 | 99.585,34 |
| 6 | Jun | 665,30 | 580,91 | 84,39 | 99.500,96 |
| 7 | Jul | 665,30 | 580,42 | 84,88 | 99.416,08 |
| 8 | Aug | 665,30 | 579,93 | 85,38 | 99.330,70 |
| 9 | Sep | 665,30 | 579,43 | 85,87 | 99.244,83 |
| 10 | Oct | 665,30 | 578,93 | 86,37 | 99.158,45 |
| 11 | Nov | 665,30 | 578,42 | 86,88 | 99.071,50 |
| 12 | Dec | 665,30 | 577,92 | 87,38 | 98.984,19 |
| **Total al año:** | | 7.983,60 | 6.967,19 | 1.015,81 | |

En nuestro ejemplo, una hipoteca de $100.000 a una tasa de interés del 7% a pagarse en 30 años, requiere un pago mensual de $665,30. si usted incrementa $233,53 al pago mensual, esto es $898,83, la hipoteca estará pagada totalmente en 15 años. Durante los 15 años usted habrá pagado una cantidad adicional de $42.035,40 y habrá ahorrado $77.718,60 de intereses durante el plazo de su hipoteca.

Hágale saber a su prestador lo que usted planifica. No muchos solicitantes de préstamos pagan por adelantado su hipoteca, por tanto él se quedará asombrado por un momento.

Para mi esposa Bev y para mí, esto se convirtió en un tiempo de entusiasmo al empezar a liquidar nuestra hipoteca. El Señor proveyó fondos adicionales de una manera inesperada, y actualmente nosotros no debemos nada a nadie. La eliminación de la deuda me permitió disponer de tiempo fuera de mi trabajo para estudiar y desarrollar los materiales de *Compass*. Nuestros costos de vida son más modestos ahora, porque no tenemos ninguna deuda ni pagos de hipoteca de la casa. Dios tal vez tiene en mente algo similar para usted.

## DEUDA DE INVERSIÓN

¿Debe usted pedir dinero prestado para hacer una inversión? En mi opinión considero que es permisible, pero solamente si no se le requiere garantizar personalmente el reembolso de la deuda. La inversión por la cual usted pide el préstamo y cualquier dinero invertido deben ser la garantía única por la deuda.

Como lo ha experimentado nuestro país, hay eventos económicos de los cuales usted no tiene control. Es penoso perder su inversión, pero es mucho más serio poner en riesgo las necesidades de su familia por exponer todos sus bienes en una deuda de inversión. Esta postura puede parecer demasiado conservadora; sin embargo, mucha gente lo ha perdido todo por garantizar una deuda de inversiones que fueron amargas.

## DEUDA DE NEGOCIOS Y DE LA IGLESIA

También quiero motivarles a orar por la liberación de las deudas de su negocio y las de la iglesia. Muchos están comenzando a liquidar todas las deudas de su sus negocios, y miles de iglesias están trabajando agresivamente para satisfacer sus deudas.

## RESPONSABILIDADES DE REEMBOLSO DE LA DEUDA

Algunas personas retrasan los pagos tanto como les es posible para usar el dinero de los acreedores, pero esto no es bíblico. En Proverbios 3:27-28 se lee, *"no niegues un favor al que te lo pide, si tienes como hacerlo. Si puedes hacerlo ahora, no digas a tu prójimo: Anda vuelve mañana y te lo daré"*. La gente piadosa debe pagar sus deudas y sus cuentas de servicio público tan pronto como pueda. Nosotros tenemos la política de tratar de pagar cada cuenta de servicio público el mismo día que la recibimos, para demostrar a otros que conocer a Jesucristo nos ha hecho económicamente responsables.

### ¿Debe usted usar todos sus ahorros para liquidar sus deudas?

En mi opinión es decisión inteligente no agotar todos sus ahorros para liquidar su deuda. Mantenga un nivel de ahorros razonable para que pueda proveer ante eventos inesperados. Si usted aplica todos sus ahorros contra su deuda y ocurre lo inesperado, probablemente se verá forzado a incurrir en más deuda para financiar la emergencia.

### Bancarrota

En bancarrota, una corte legal declara a una persona incapaz para pagar sus deudas. Dependiendo del tipo de bancarrota, la corte permitirá al deudor desarrollar un plan para reembolsar a sus acreedores, o la corte misma distribuirá su propiedad entre los acreedores como pago de las deudas.

En nuestra nación hay un epidemia de bancarrota. ¿Debe una persona piadosa declararse en bancarrota? La respuesta es generalmente, no. El Salmo 37:21 nos dice: *"el impío pide fiado y no devuelve,…"* Sin embargo, en mi opinión, la bancarrota es permisible bajo dos circunstancias: un acreedor fuerza a una persona a una bancarrota, o un consejero cree que la salud emocional del deudor está en juego por la incapacidad de hacer frente a presión de acreedores no razonables. Por ejemplo, si el esposo abandona a su esposa e hijos, dejándola con deudas de negocios y deudas familiares por las cuáles ella será responsable, ella tal vez no tenga los recursos ni el ingreso para satisfacer esas obligaciones. El trauma emocional de un divorcio no deseado, aunado al acoso de acreedores poco comprensivos, puede ser demasiado difícil de soportar para una persona.

Después de que una persona atraviesa por la bancarrota, debe buscar consejo de un abogado competente para determinar si es permisible legalmente reembolsar la deuda, aunque no esté obligada a pagarla. Si es permitido, él debe poner todo su esfuerzo para reembolsar la deuda. Para una deuda muy grande, esta puede ser una meta a largo plazo, que depende en gran medida de los recursos que el Señor provea de manera sobrenatural.

## FIRMAR COMO FIADOR

Firmar como fiador es un asunto relacionado a la deuda. Una persona que firma como fiador es legalmente responsable de la deuda de otro. Esto es como si usted fuera al banco, pidiera dinero prestado y se lo diera a su amigo o familiar quien está pidiéndole firmar como fiador.

Un estudio de la Comisión Federal de Comercio encontró que el 50% de quienes firman como fiadores de préstamos bancarios terminan haciendo los pagos. Y el 75% de quienes firmaron como fiadores de préstamos para financiar compañías terminaron pagando. Desafortunadamente, pocos fiadores planifican el incumplimiento. La tasa de fatalidad es muy alta debido a que el prestador profesional ha analizado el préstamo y se ha dicho a sí mismo: "Yo evitaré esto a toda costa, a menos que pueda tener a alguien que sea financieramente responsable para garantizar este préstamo".

Afortunadamente, las Escrituras hablan claramente acerca de firmar como fiador. En Proverbios 17:18 se lee, *"Hay que ser bien ingenuo para servir de aval a otro y comprometerse en vez del otro"*. La palabra "ingenuo" describe la mentalidad del que firma como aval. Sirácides 29:17 agrega, *"Una garantía arruinó a mucha gente acomodada, la sacudió como espuma del mar"*.

Los padres con frecuencia firman como avales del primer automóvil de sus hijos. Nosotros decidimos no hacer esto. Queremos ser un modelo para nuestros hijos de no firmar como fiadores, y queremos también desalentarlos de usar la deuda. En su lugar, nosotros les enseñamos a planificar para su futuro, y ahorrar para la compra al contado de su primer auto.

Le aliento a usar un juicio inteligente y nunca firmar una nota como aval o ser fiador de ninguna deuda.

Si usted ha firmado como aval, las Escrituras le dan un consejo muy directo. En Proverbios 6:1-5, se lee:

> *"Hijo, si has servido de aval a un compañero, si te has comprometido con un desconocido, tus propias palabras te tienen amarrado, eres prisionero de tus compromisos. La única salida hijo mío, es esta, ¡libérate! Porque estás a merced del otro. ¡Anda a verlo, ponte de rodillas, suplícale! ¡No concedes sueño a tus ojos ni descanso a tus párpados! Como la cierva atrapada, como el pájaro en la red, ¡líbrate!"*

## CONTRASTE

**La sociedad dice:** Usted puede usar la deuda tanto como lo desee; compre ahora y pague después.

**Las Escrituras dicen:** El Señor desalienta el uso de la deuda porque Él nos quiere libres para servirle a Él.

## COMPROMISO

Formalice su deseo de liberarse de la deuda. Después siga los siguientes 10 pasos para liberarse de la deuda. Busque el apoyo y consejo de algunos amigos que le ayuden a mantenerse responsable para que pueda cumplir con su plan.

El valor de buscar consejo es el tema del capítulo siguiente.

## RECURSOS ÚTILES

*Free and Clear: God's Road Map to Debt Free Living* (Libre y Despejado: Mapa del Camino de Dios para Vivir Libre de Deuda) es un libro muy práctico que ha ayudado a muchos a progresar en su jornada para liberarse de las deudas.

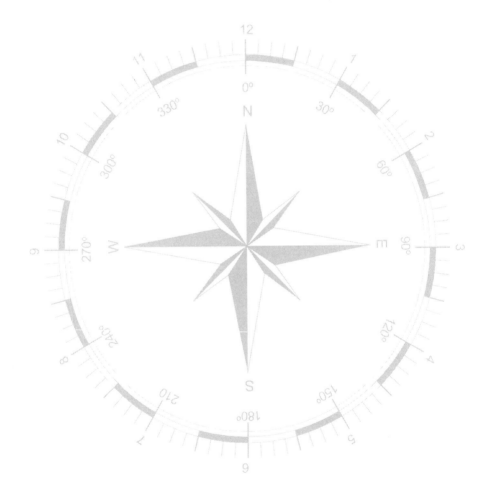

## SIETE

# CONSEJO

---

*Una cuerda triple trenzada*

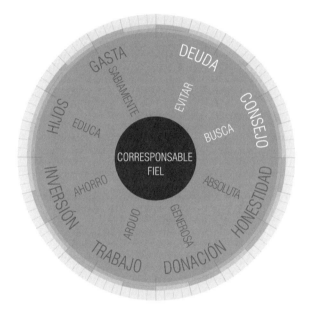

Jean y Alan enfrentaron una decisión muy incómoda.

El hermano de Jean y su esposa se habían mudado recientemente de Chicago a Florida. Debido a que ellos tuvieron dificultades financieras en Chicago, el banco no les prestaría el dinero para comprar una casa a menos que tuvieran a alguien que firmara como aval del "pagaré". Ellos pidieron a Jean y Alan firmar como avales. Jean le rogó a Alan hacerlo; sin embargo él estuvo renuente.

Cuando ellos vinieron a solicitar un consejo para resolver este problema, les pedí que leyeran los versículos de la Biblia que mencionaban el tema de firmar como avales. Cuando Jean leyó los pasajes respondió, "¿quién soy yo para discutir con Dios? Nosotros no debemos firmar como avales". Alan sintió un gran alivio.

Dos años más tarde, el hermano de Jean y su esposa estaban divorciados y se habían declarado en bancarrota. ¿Puede usted imaginar la tensión sobre el matrimonio de Jean y Alan si hubieran firmado como avales de ese pagaré? Ellos no habrían podido sobrevivir financieramente.

Afortunadamente, ellos buscaron consejo. Este es un agudo contraste para la práctica de nuestra cultura que dice: "sea un severo individualista que toma decisiones solo y sin temor, que enfrente cualquier presión económica en estóico silencio".

El Rey Salomón dominó la escena del mundo en su tiempo. Conocido como "el primer gran rey comercial de Israel", él fue un hábil diplomático y director de grandes empresas de construcción, transporte y minería. Sin embargo, Salomón es recordado con mayor frecuencia como el rey más sabio que jamás haya vivido. En efecto, él hizo de la sabiduría un objeto de estudio. En Proverbios 8:11, él escribió, *"La sabiduría te es más útil que las perlas, ¿qué tesoros podrían pagarla?"* Las recomendaciones prácticas de Salomón para abrazar la sabiduría son encontradas también en Proverbios: *"Acepta los consejos, atiende a la enseñanza, al final serás un sabio"* (19:20). *"El tonto está seguro de sus decisiones, pero el sabio atiende a los consejos"* (12:15).

### ¿DÓNDE DEBEMOS BUSCAR CONSEJO?

La Biblia nos alienta a buscar consejo de varias fuentes.

### Las Escrituras

El salmista escribió, *"Tus testimonios son también mis delicias, tus preceptos son mis consejeros"* (Salmos 119:24). Por otra parte, la Biblia hace esta notable declaración de sí misma: *"En efecto, la palabra de Dios es viva y eficaz, más penetrante que espada de doble filo, y penetra hasta donde se dividen el alma y el espíritu...haciendo un discernimiento de los deseos y los pensamientos más íntimos"* (Hebreos 4:12). Tal vez le haya sorprendido aprender que la Biblia contiene 2.500 versículos que tratan acerca de cómo debemos manejar el dinero y las posesiones. El hecho es que, las Escrituras son el primer filtro a través del cual nosotros debemos hacer nuestras decisiones financieras. Si la Biblia responde la pregunta, nosotros no tenemos que ir más lejos, porque ella contiene, escrita, la voluntad revelada de Dios.

Si la Biblia ofrece clara dirección en un asunto financiero, nosotros sabemos que hacer. Si la Biblia no es específica acerca de un asunto, debemos someter nuestra decisión a la segunda fuente de consejo: las personas piadosas.

**Personas Piadosas**

*"Medita el justo los dichos de los sabios y si habla, expresa lo que es justo. Con la ley del Señor en su corazón, sus pasos no vacilan"* (Salmos 37:30-31). El apóstol Pablo reconoce el beneficio del consejo de la gente piadosa. Después de ser convertido en el camino a Damasco, él nunca estaba solo en su ministerio público. Él conoció y apreció el valor de un par de ojos extra que vieran ese camino recto y estrecho. Siempre estaba con él Timoteo, Bernabé, Lucas o alguien más.

De hecho, la palabra "santo" nunca es usada en singular en el Nuevo Testamento. Siempre está en plural. Alguien ha descrito la vida cristiana como una vida que no aparta a unos de los otros, sino de dependencia entre unos y otros. En ninguna otra parte encontramos esto más claramente ilustrado que en la discusión de Pablo, concerniente al cuerpo de Cristo en el capítulo 12 de 1 Corintios. Cada uno de nosotros es descrito como una parte diferente de este cuerpo. Nuestra habilidad para funcionar con efectividad depende de los miembros que trabajan juntos. En otras palabras, para operar de manera óptima, necesitamos la ayuda de otras personas. Dios ha dado a cada individuo ciertas habilidades y dones. Sin embargo, Dios no ha dado a ninguna persona todas las habilidades que él/ella necesita para ser más productivo/a.

**1. Esposo/a.** Si usted está casado, su esposo/a es su fuente primaria de consejo humano. El esposo y la esposa son uno sólo. La mujer tiende a estar dotada de una naturaleza maravillosamente sensitiva, intuitiva y, usualmente, muy precisa. El hombre tiende a enfocarse objetivamente en los hechos. El esposo y la esposa se necesitan uno al otro para lograr el equilibrio apropiado para una decisión correcta. También creo que el Señor honra el "cargo" de la mujer como compañera para su esposo. Muchas veces el Señor le comunica más claramente al esposo a través de su esposa.

Esposos, permítanme ser franco. Sin tener en cuenta los antecedentes académicos o su habilidad financiera, ustedes deben buscar el consejo de su esposa. Yo lo he hecho y ha sido una grata sorpresa para mí observar cuán inteligente ha sido el análisis de Bev referente a las finanzas. Aunque su educación formal no estaba relacionada con los negocios, ella ha desarrollado un excelente sentido de negocio, y sus decisiones, con frecuencia, son mejores que las mías. Ciertamente, su perspectiva siempre enriquece la mía.

Siendo consistente al pedir su consejo, usted mantiene a su esposa informada de su condición financiera real. Esto es importante en el evento de que el esposo fallezca antes que su esposa o quedara incapacitado para trabajar. Mi padre sufrió un ataque masivo al corazón que le incapacitó por dos años. Debido a que él había tenido la confianza de mantener a mi madre bien informada de su negocio, ella fue capaz de tomar su lugar y manejarlo exitosamente.

Buscar el consejo de su esposa ayuda también a preservar su relación, ya que ambos experimentarán las consecuencias de una decisión. Si los dos están de acuerdo con la decisión, aunque ésta pruebe ser desastrosa, es más probable que su relación permanezca intacta.

**2. Padres.** Nosotros debemos buscar también el consejo de nuestros padres. Proverbios 6:20-23, nos dice, *"Hijo mío, observa los consejos de tu padre, no rechaces la enseñanza de tu madre. Mantenlos bien amarrados en tu corazón, cuélgalos de tu cuello. Ellos guiarán tus pasos; en tu sueño velarán por ti y te aconsejarán apenas despiertes. El precepto es una lámpara, la Ley, una luz; las correcciones te enseñan el camino de la vida".* No podría decirle cuánto me he beneficiado del consejo de mi padre y de mi madre. Nuestros padres tienen el beneficio de años de experiencia. Ellos nos conocen muy bien, y se interesan por nosotros de corazón.

En mi opinión, deberíamos buscar su consejo aunque ellos no conocieran aún a Cristo o no hubieran sido fieles administradores de su dinero. No es poco común que se haya levantado una barrera de incomunicación entre un hijo y sus padres. Pedir su consejo es una manera de honrarlos y de construir un puente que cruce cualquier barrera.

Aunque la obediencia a sus padres termina cuando deja el hogar, el respeto no debe terminar nunca. *"El que respeta a su padre tendrá larga vida; el que obedece al Señor será el consuelo de su madre. Servirá a los que le dieron la vida como si sirviera al Señor. Actúa así, honra a tu padre de palabra y de hecho, y su bendición se hará realidad para bien tuyo"* (Sirácides 3:6-8) (Cf. CCC 2217).

Unas palabras de advertencia. Aunque los esposos deben buscar el consejo de sus padres, éste debe estar subordinado al consejo de la esposa/o—especialmente si se materializa un conflicto familiar.

### El Señor

Durante el proceso de buscar en la Biblia y obtener el consejo de personas piadosas, necesitamos necesitamos buscar la dirección del señor. En Isaías 9:5 se nos dice que uno de los nombres del Señor es *"Consejero Maravilloso"*. Los Salmos identifican también al Señor como nuestro consejero. *"Yo te voy a instruir, te enseñaré el camino, te cuidaré, seré tu consejero"* (Salmos 32:8). *"Me guías conforme a tus designios y me llevas de la mano tras de ti"* (Salmos 73:24).

Nosotros recibimos el consejo del Señor orando y escuchando. Comuníquele al Señor sus preocupaciones y pídale por una guía específica. Después escuche silenciosamente Su serena y tranquila voz.

## NUMEROSOS CONSEJEROS

Nosotros debemos tratar de obtener consejo de varios consejeros. En Proverbios 15:22 se lee, *"Los proyectos carentes de reflexión fracasan; tendrán éxito si han sido bien madurados"*. Y Proverbios 11:14 dice, *"Cuando no hay dirección, el pueblo va a la deriva, la salvación depende del número de los consejeros"*.

Cuánto más viejo me he hecho y más ha crecido *Compass*, más reconozco mi necesidad de numerosos consejeros. Cada uno de nosotros tiene un rango de conocimiento y experiencia limitado, y nosotros necesitamos a otros, con sus antecedentes únicos, para crear percepciones y alternativas que no hubiéramos considerado nunca sin su consejo. Uno de los dones más preciados que Dios me ha dado, ha sido el de rodearme de un sabio grupo de directores y un equipo de personal excepcionalmente competente, cuyos consejos han sido invaluables.

Otra manera práctica de aplicar el principio de muchos consejeros es el de involucrarse en un pequeño grupo. Durante años me he reunido regularmente con un pequeño grupo para orar y compartir. A través de los años, nuestro grupo ha atravesado por tiempos traumáticos. Nacimiento de nuevos bebés, muerte de alguno de los padres, cambios de trabajo, enfermedades graves, inicio de nuevos negocios, presiones en el hogar y presiones financieras han marcado los años. El consejo de estos amigos no solamente ha beneficiado nuestras finanzas, sino que ha contribuido significativamente en nuestra salud emocional y espiritual. Nos hemos regocijado juntos por los éxitos de cada uno. Hemos llorado y nos hemos confortado unos a los otros en tiempos difíciles.

Nosotros hemos aprendido que cuando alguien es sometido a una circunstancia dolorosa, es difícil para él o ella tomar decisiones inteligentes y objetivas. Hemos experimentado la seguridad de tener un grupo de personas que se aman unas a las otras –a pesar de alguna herida. Soy más receptivo a la crítica constructiva cuando viene de alguien a quien yo respeto, alguien que se preocupa por mí. Salomón describe los beneficios de la dependencia de unos sobre otros en uno de mis pasajes favoritos.

*"Más vale estar de dos que solo, el trabajo rendirá más. Si uno cae, su compañero lo levantará. Pero, ay del que está solo, si cae nadie lo levantará… Si uno está solo lo pueden atacar; pero acompañado podrá resistir, y si el hilo es triple, no se cortará* fácilmente"* (Eclesiastés 4:9-10, 12).

Cuando busque consejeros, no espere que todos le ofrezcan las mismas recomendaciones. Tal vez ellos discrepen en forma aguda, pero usualmente se desarrolla una idea común. Otras veces, cada consejero puede proveer una percepción diferente a la que usted necesita para tomar la decisión. Nosotros le alentamos a que incluya a su párroco entre sus consejeros, particularmente cuando usted enfrente una encrucijada importante.

### Grandes decisiones

Algunas decisiones merecerán más atención que otras, debido a su importancia y permanencia.. Por ejemplo, las decisiones referentes al cambio de carrera o a la compra de una casa, nos afectan por un periodo más largo que la mayoría de las decisiones que hacemos. En la Biblia nosotros somos amonestados para esperar al Señor. Cuando enfrente usted la situación de tomar una decisión importante o experimente la sensación de confusión concerniente al curso de una acción, separe un tiempo para orar, ayunar y escuchar silenciosamente Su voluntad.

## CONSEJO QUE DEBE EVITAR

Nosotros necesitamos evitar particularmente una fuente de consejo. *"Dichoso el hombre que no va a reuniones de malvados, ni sigue el camino de los pecadores ni se sienta en la junta de burlones"* (Salmos 1:1). La palabra "dichoso" significa literalmente "feliz muchas veces". Una persona "malvada" es aquella que vive su vida sin tener en cuenta a Dios. En mi opinión, nosotros podemos buscar apoyo técnico específico, como el consejo legal o sobre asuntos contables de personas que no conocen a Dios. Entonces, armados con la información técnica, nuestra decisión final debe estar fundamentada en el consejo de aquellos que conocen al Señor.

### Nunca busque el consejo de adivinos o médiums

La Biblia prohíbe claramente buscar el consejo de adivinos, médiums, o espiritistas: *"No se dirijan a los brujos ni a los que llaman a los espíritus; no los consulten no sea que con ellos se manchen. ¡Yo soy Yavé!"* (Levítico 19:31). Estudie cuidadosamente el siguiente pasaje: *"Saúl murió a causa de la infidelidad que había cometido contra Yavé, porque no guardó la palabra de Yavé, y también por haber interrogado y consultado a los espiritistas. No consultó a Yavé, por lo que éste lo hizo morir, y transfirió el reino a David, hijo de Jesé"* (1 Crónicas 10:13-14). Saúl murió, en parte, porque él fue con el brujo. Nosotros debemos evitar también cualquier cosa que pronostique el futuro, como los horóscopos y todas las prácticas del ocultismo.

## Sea cuidadoso de la parcialidad

Nosotros necesitamos ser precavidos del consejo parcial o tendencioso. Cuando reciba consejo financiero, hágase a usted mismo esta pregunta: ¿Qué recompensa tiene esta persona con el resultado de mi decisión? Si el consejero se beneficiará, busque siempre una segunda opinión, una opinión imparcial.

### CONTRASTE

**La sociedad dice:** Sea dueño de usted mismo; apóyese en sus propios pies. Usted no necesita que alguien le diga qué hacer.

**Las Escrituras dicen:** *"El hombre de corazón* sabio acepta los consejos, mientras que el pretencioso corre a su perdición" (Proverbios 10:8).

### COMPROMISO

En mi experiencia, la gran mayoría de quienes tienen dificultades financieras no han seguido el principio de buscar un consejo sabio. Han sido moldeados por la visión de nuestra cultura de que admitir una necesidad y pedir consejo sólo es para quienes no son lo suficientemente fuertes para ser autosuficientes.

Con mucha frecuencia, el orgullo de una persona es el mayor elemento de disuasión para buscar consejo. Esto es especialmente real en una crisis financiera. Es vergonzoso exponer nuestros problemas a alguien más.

Otra razón para la renuencia a buscar consejo es el temor de que una evaluación objetiva de nuestras finanzas pueda traer a la superficie asuntos que nosotros preferimos evitar: la falta de disciplina en los gastos, un presupuesto irreal, la falta de comunicación en la familia o una sugerencia para renunciar a algo muy querido por nosotros.

No puedo enfatizar en exceso la importancia del consejo, yo le aliento a evaluar su situación. Si usted no tiene un consejero, trate de cultivar una amistad al menos con una persona piadosa que pueda aconsejarle.

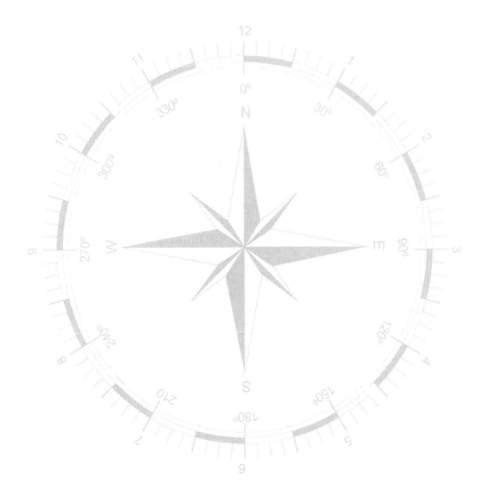

## OCHO
# HONESTIDAD

*Absoluta*

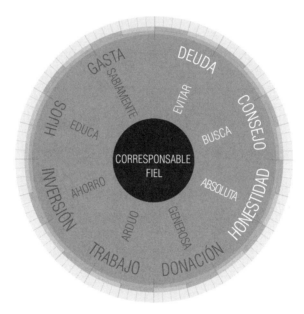

Una noche recibí una llamada telefónica que nunca olvidaré. Ésta fue de Alan Hitchcock. "¡No vas a creer lo que me acaba de suceder!" dijo. Y continuó: "Fui a la estación local de gasolina y puse 20 dólares de gas. Cuando solicité un recibo, el encargado me hizo el recibo por 25 dólares. Cuando le señalé este error, el encargado replicó, 'oh, solo entregue el recibo a su compañía y usted tendrá 5 dólares de manera rápida. Después de todo, muchos de los carteros hacen esto".

Como Alan, todos nosotros—el ejecutivo, el empleado y el ama de casa, tenemos que tomar, diariamente, decisiones para manejar el dinero con honestidad o sin ella. ¿Le dice usted al cajero de la tienda de comestibles cuando recibe cambio de más? ¿Ha tratado usted de vender algo y ha sido tentado a no decir la verdad porque podría perder la venta?

## LA HONESTIDAD EN LA SOCIEDAD

Estas decisiones se han hecho más difíciles porque todo a nuestro alrededor parece ser deshonesto. Se estima que el robo de los empleados a las empresas asciende a $1 billón por semana.

Eduardo leía el periódico de la mañana mientras Gaby, su esposa, preparaba el desayuno. "Bueno, ¿podrías ver esto? Otro político fue descubierto con la mano en la jarra de las galletas," dijo él. "Apuesto a que no hay uno solo honesto en todo el país. ¡Que manojo de ladrones!"

> *…y cada uno hacía lo que le parecía bueno.*
>
> Jueces 17:6

Sólo unos minutos más tarde Eduardo mostraba una sonrisa de satisfacción al decirle a Gaby cómo evaluaba la posibilidad de llenar su cuenta de gastos de tal manera que él podría obtener de su jefe más dinero de lo que debía recibir. Eduardo no estaba consciente de la incongruencia entre su propia conducta y su disgusto con la deshonestidad en otros. Al decirle a Gaby, "por la manera en la que avanza la economía, tú tienes que ser astuto para sobrevivir. La compañía no lo necesita, y además todos lo hacen".

Vivimos en una época de "honestidad relativa". La gente formula sus propios estándares de honestidad y los cambia según las circunstancias. La Biblia habla de un periodo turbulento similar en la historia de Israel. *"En ese tiempo no había rey en Israel, y cada uno hacía lo que le parecía bueno"* (Jueces 17:6).

## LA HONESTIDAD EN LA BIBLIA

La "honestidad relativa" contrasta fuertemente con el estándar que encontramos en las Escrituras. Dios demanda honestidad absoluta. En Proverbios 20:23 se lee, *"Un peso para comprar, otro para vender. ¡Yavé los aborrece! No se debe falsear la balanza"*. Y Proverbios 12:22 declara, *"Yavé detesta los labios mentirosos, pero favorece a los que pronuncian la verdad"*. Levítico 19:11 dice, *"No hurtarán, no mentirán ni se engañarán mutuamente"*.

Estudie la siguiente comparación entre lo que enseñan las Escrituras y lo que practica nuestra sociedad concerniente a la honestidad.

| Tema | Escrituras | Sociedad |
| --- | --- | --- |
| Estándar de la honestidad | Absoluta | Relativa |
| Interés de Dios en la honestidad | Él demanda honestidad | No hay Dios |
| La decisión de ser honesto/a o deshonesto/a se fundamenta en: | La fe en un Dios invisible y vivo | Sólo en los hechos que pueden ser vistos. |
| Pregunta que se hace usualmente para decidir ser honesto/a o no: | ¿Complacerá esto a Dios? | ¿Me lo quedaré? |

### El Dios de la Verdad

La Veracidad es uno de los atributos de Dios. Él es identificado constantemente como el Dios de la Verdad. Jesús dijo: *"Yo soy…la verdad"* (Juan 14:6). Nuestro amoroso Padre celestial nos manda reflejar su carácter honesto y santo: *"Si es santo el que nos llamó, también ustedes han de ser santos en toda su conducta"*. Las Escrituras dicen, *"Sean santos porque yo soy santo"* (1 Pedro 1:15-16). 1 Juan 1:6 agrega que: *"Si decimos que estamos en comunión con él mientras caminamos en tinieblas, somos unos mentirosos y no actuamos en la verdad"* (Cf. CCC2470).

A diferencia de la naturaleza de Dios, Juan 8:44 describe el carácter del diablo: *"...ha sido un homicida desde el principio, porque la verdad no está en él (el diablo), y no se ha mantenido en la verdad. Lo que se le ocurre decir es mentira, porque es un mentiroso y padre de toda mentira"*. El Señor quiere que nosotros imitemos su carácter honesto, y no la naturaleza deshonesta del diablo. (Cf. CCC 2482).

## ¿POR QUÉ DEMANDA DIOS HONESTIDAD ABSOLUTA?

Dios ha impuesto el estándar de honestidad absoluta por cinco razones.

### 1. Nosotros no podemos practicar la deshonestidad y amar a Dios.

Cuando practicamos la deshonestidad, actuamos como si el Dios vivo no existiera, y es imposible amar a Dios si no existe. Deténgase a pensar acerca de lo que decimos cuando tomamos la decisión de ser deshonestos:

- Dios no es capaz de proveer exactamente lo que yo necesito—aunque él ha prometido hacerlo (Mateo 6:33). Tomaré las cosas en mis manos y las haré de manera deshonesta.

- Dios es incapaz de descubrir mi deshonestidad.

- Dios no tiene el poder para disciplinarme.

Si nosotros creyéramos verdaderamente que Dios podría disciplinarnos, entonces no consideraríamos actuar deshonestamente.

La conducta honesta es un asunto de fe. Una decisión honesta puede parecer tonta a la luz de las circunstancias que observáramos. Sin embargo, una persona piadosa ha dominado el arte de considerar otro factor, válido pero invisible: la persona de Jesucristo. Cada decisión honesta fortalece nuestra fe en el Dios vivo. Sin embargo, si elegimos ser deshonestos, esencialmente negamos la existencia del Señor. La Biblia declara que quienes practican la deshonestidad odian a Dios: *"El que teme a Yavé toma el recto camino, el que lo desprecia se aleja de él"* (Proverbios 14:2).

## 2. Nosotros no podemos practicar la deshonestidad y amar a nuestro prójimo.

El Señor requiere honestidad porque la conducta deshonesta viola también lo que dice Jesús en Marcos 12:31: *"Amarás a tu prójimo como a ti mismo"*. Pablo les dice a los romanos, *"Amarás a tu prójimo como a ti mismo. El amor no hace nada malo al prójimo…"* (Romanos 13:9-10; Cf. CCC 2477-2478).

Cuando actuamos con deshonestidad, lo que hacemos realmente es robarle a otra persona. Tal vez racionalicemos que es un negocio o el gobierno o una compañía de seguros quien sufre la pérdida. Pero si analizamos el asunto es su fondo, robamos a los propietarios del negocio, los ciudadanos que pagan sus impuestos o los asegurados. Es como si tomáramos el dinero de sus carteras. Al final del análisis, la víctima es siempre una persona. (Cf. USCCB, Catecismo Católico para Adultos de Estados Unidos, p419; CCC 2409).

## 3. La honestidad crea la credibilidad para la Evangelización.

Nuestro Señor demanda que seamos absolutamente honestos para demostrar la realidad de Jesucristo a aquellos que aún no lo conocen. Nuestras acciones hablan más que nuestras palabras. Las Escrituras dicen, *"Cumplan todo sin quejas ni discusiones, así no tendrán falla ni defecto y serán hijos de Dios sin reproche en medio de una generación descarriada y pervertida. Ustedes son luz en medio de ellos, como las estrellas en el universo"* (Filipenses 2:14-15).

Roberto estuvo tratando de vender una vieja camioneta durante meses. Finalmente, consiguió un comprador A último momento el comprador le dijo a Roberto: "Compraré la camioneta solamente si usted no reporta la venta al estado, así yo no tendré que pagar el impuesto sobre la venta".

Roberto estuvo tentado, pero sabía que no era lo correcto. Así que él respondió, "lo siento, pero no puedo hacer esto porque Jesucristo es mi Señor".

"Usted debió haber visto la cara del comprador", dijo Roberto algunos días después. "Estaba asombrado". Entonces sucedió algo interesante. "Él señor compró la camioneta, y su actitud cambió completamente. El comprador se abrió a la verdad de conocer a Jesús en una manera personal". La conducta honesta confirma a aquellos que aún no lo conocen, que nosotros servimos a un Dios santo.

**4. La honestidad confirma la dirección de Dios.**

En Proverbios 4:24-26 se lee, *"Rechaza cualquier lenguaje perverso, abstente de cualquier mentira. Que tus ojos miren de frente, que tu mirada sea franca. Tantea primero el suelo bajo tus pies para que tu andar sea seguro"*.

¡Qué estupendo principio! Al ser absolutamente honesto/a, "todos sus caminos estarán establecidos". La elección de caminar el estrecho camino de la honestidad elimina las amplias avenidas de la deshonestidad. Tomar decisiones se hace más sencillo porque el camino honesto es un camino claro.

"Si tan sólo hubiera entendido esto", dijo Raimundo mientras las lágrimas corrían por sus mejillas.

"Diana y yo deseábamos mucho esa casa. Era nuestra casa soñada, pero nuestras deudas eran tan grandes que no cualificábamos para la hipoteca. La única manera en la que pudimos comprar la casa fue ocultar al prestamista algunas de nuestras deudas. Fue la peor decisión de nuestras vidas. Casi inmediatamente enfrentamos la incapacidad para hacer el pago de la hipoteca y pagar también nuestras otras deudas. La presión aumentó. Esto era más de lo que Diana podía soportar. La casa de nuestros sueños terminó causándonos una pesadilla familiar. Yo no solamente perdí la casa, sino que estuve cerca de perder a mi esposa".

Si Raimundo y Diana hubieran sido honestos, el prestamista no hubiera aprobado el préstamo. Ellos no habrían podido comprar esa casa particularmente. Si ellos hubieran orado y esperado, quizás el Señor les habría guiado a algo más razonable, y evitado así la presión que casi termina con su matrimonio. La honestidad ayuda a confirmar la dirección de Dios.

## 5. Aún el acto más pequeño de deshonestidad es devastador.

Dios nos exhorta a que seamos absolutamente honestos porque aun el mínimo acto de deshonestidad es pecado. Aun la más pequeña "mentira blanca" puede endurecer nuestro corazón y hacer nuestra conciencia cada vez más insensible al pecado. Esto puede ensordecer nuestros oídos a la tranquila y tenue voz del Señor. Una sola célula cancerosa de pequeña deshonestidad puede multiplicarse y difundirse en una gran deshonestidad. *"El que no ha sido honrado en las cosas mínimas, tampoco será honrado en las cosas importantes"* (Lucas 16:10).

Un evento en la vida de Abraham me ha desafiado a ser honesto en las cosas pequeñas. El rey de Sodoma ofreció a Abraham todos los bienes que él recuperó cuando regresó de rescatar exitosamente al pueblo de Sodoma. Abraham respondió al rey: *"Levanto mi mano hacia Yavé, creador del cielo y de la tierra, el Dios alt*ísimo, para jurar que no tomaré una hebra de hilo, ni la correa de un zapato ni cosa alguna que te pertenezca. Así tú no podrás decir: Abraham se hizo rico a costa mía"* (Génesis 14:22-23).

Así como Abraham no estuvo dispuesto a tomar ni una hebra de hilo o la correa de un zapato, yo le desafío a hacer un compromiso similar en esta área de la honestidad. Prometa no robar ni un sello o una fotocopia o un clip o un centavo de la empresa donde trabaja, ni del gobierno ni de alguien más.

La gente de Dios debe ser honesta aun en las cosas mínimas, aparentemente sin consecuencias.

## ¿CÓMO ESCAPAMOS A LA TENTACIÓN DE LA DESHONESTIDAD?

Al menos que nos neguemos a nosotros mismos y vivamos nuestra vida confiriéndola al Espíritu Santo, todos nosotros seremos deshonestos. *"Caminen según el espíritu y así no realizarán los deseos de la carne. Pues los deseos de la carne se oponen al espíritu y los deseos del espíritu se oponen a la carne. Los dos se contraponen, de modo que ustedes no pueden obrar como quisieran"* (Gálatas 5:16-17). El deseo de nuestra naturaleza humana es actuar deshonestamente. *"Los pensamientos malos salen de dentro, del corazón, de ahí proceden la inmoralidad sexual, robos, asesinatos, infidelidad matrimonial, codicia, maldad, vida viciosa, envidia, lujuria, orgullo, y falta de sentido moral"* (Marcos 7:21-22). El deseo del espíritu es que seamos absolutamente honestos. No es necesario enfatizar que la vida de honestidad absoluta es sobrenatural. Nosotros debemos someternos completamente a Cristo como Señor y permitirle vivir Su vida a través de nosotros. Le recomiendo un libro corto escrito por la Madre Teresa titulado, *No Greater Love* (No hay Amor más Grande), *el que ofrece un* excelente estudio acerca de darnos plenamente a Cristo.

### Mediante un saludable temor del Señor

Cuando hablamos de un "temor saludable" hacia el Señor, no insinuamos que Dios sea un gran tirano en espera de la oportunidad para castigarnos. Muy lejos de la verdad. De hecho, él es un padre amoroso, que con infinito amor, disciplina a sus hijos para su beneficio… *"Él mira a lo que nos ayudará a participar de su propia santidad"* (Hebreos 12:10).

Una vez en un viaje de negocios, compartí la habitación del hotel con un amigo. Al salir, él deslizó una de las copas del hotel en su bolsillo y caminó al auto. Me sentí agobiado por el temor al Señor. Es sentimiento es difícil de explicar. La descripción más cercana la encontré en Daniel 5:6, la cual graba la reacción del rey de Babilonia en el manuscrito sobre la pared: *"…su rostro palidece; sus pensamientos lo aterran, las articulaciones de su cadera tiemblan, y sus rodillas se golpean"*.

Ahí estaba yo con mis rodillas aflijidas mientras pensaba en Hebreos 12:11, *"Ninguna corrección nos alegra en el momento, más bien duele; pero con el tiempo, si nos dejamos instruir, traerá frutos de paz y de santidad"*. ¡La disciplina duele! Dada la elección, yo prefiero "compartir Su santidad" de obediencia a Su Palabra, que hacer una decisión deliberada que impulse a mi amoroso Padre a disciplinarme. ¡No puedo decir cuán aliviado estuve cuando mi amigo devolvió la copa después de que alegué con él para que lo hiciera!

**Por la pérdida de la propiedad**

Considero que nuestro Padre celestial no nos permitirá conservar nada que hayamos adquirido deshonestamente. En Proverbios 13:11, se lee, *"La fortuna que se adquiere de repente, no dura…"*

Linda compró cuatro plantas de azalea, pero el empleado de la caja sólo le cobró una. Ella lo supo, pero salió de la tienda sin pagar por las otras tres. Más adelante contó que simplemente fue milagrosa la rapidez con que murieron tres de las cuatro plantas.

Piense en esto por un momento: si usted es un padre y su hijo roba algo, ¿le permitirá usted conservarlo? ¡Por supuesto que no! Usted le pide que devuelva el objeto que robó porque el carácter del niño se dañará si conserva lo robado. Usted no solamente insistirá en la devolución, sino que probablemente quiera que el niño experimente suficiente incomodidad para producir una última impresión. Por ejemplo, tal vez usted haga que el niño confiese el robo y se disculpe con el gerente de la tienda. Cuando nuestro Padre amoroso nos disciplina, lo hace de tal manera que nosotros nunca lo olvidamos.

## ¿QUÉ DEBEMOS HACER CUANDO HEMOS SIDO DESHONESTOS?

Desafortunadamente, todos nosotros somos deshonestos de vez en cuando. Una vez que reconozcamos que hemos actuado deshonestamente, necesitamos hacer tres cosas:

### 1. Restablecer nuestra relación con Dios.

*"Hijitos míos, les he escrito esto para que no pequen, pero si uno peca tenemos un defensor ante el Padre, Jesucristo, el justo. Él es la víctima por nuestros pecados, y no sólo por los nuestros, sino por los del mundo entero"* (1 Juan 2:1-2). Cada vez que pecamos, dañamos nuestra relación con Dios y necesitamos restaurarla. Como católicos, nosotros tenemos la oportunidad de "convertir y recuperar la gracia de la justificación a través del Sacramento de la Penitencia" (CCC1446).

### 2. Restaurar nuestra relación con la gente.

Después de que nuestra relación con el Señor ha sido restaurada, necesitamos confesar nuestra deshonestidad a la persona ofendida. *"Reconozcan sus pecados unos ante otros y recen unos por otros para que sean sanados…"* (Santiago 5:16).

Reprimir el hecho de confesar y restaurar su relación tal vez resulte en una falta de prosperidad financiera. *"Ocultar sus faltas no conduce a nada, el que las reconoce y renuncia a ellas se hace perdonar"* (Proverbios 28:13).

## 3. Devolver cualquier propiedad adquirida deshonestamente.

Si nosotros hemos adquirido algo deshonestamente, debemos regresarlo a su legítimo dueño. *"El que pecó y que cometió un delito, tendrá que devolver lo que robó o que quitó a la fuerza o lo que guardó del depósito o de la cosa perdida que encontró y por la que hizo falso juramento. Añadirá además la quinta parte"* (Levítico 5:21-24; Cf. CCC 2454).

La restitución es una expresión tangible de arrepentimiento y un esfuerzo por corregir el error. Si no es posible hacer la restitución a la parte afectada, entonces la propiedad debe ser dada al Señor. Números 5:8 nos instruye, *"…y si no hay persona a quien devolver la cosa, se la darán a Yavé, el culpable se la dará al sacerdote además del carnero de reparación que se ofrece por él"*.

### SOBORNOS

Un soborno es definido como cualquier cosa que se da a una persona para influenciarle a hacer algo incorrecto o ilegal. Aceptar un soborno está prohibido claramente por las Escrituras: *"No aceptarás soborno porque los regalos ciegan a los que veían y tuercen la sentencia del que era justo"* (Éxodo 23:8). Algunas veces los sobornos son disfrazados sutilmente como un "regalo" o como "honorarios referidos". Evalúe cualquier tipo de ofrecimiento para confirmar que no es en realidad un soborno.

### BENDICIONES Y MALDICIONES

Abajo hay una lista de algunas de las bendiciones que el Señor ha prometido para el honesto/a y algunas de las maldiciones reservadas para el deshonesto/a. Léalas con detenimiento y pida a Dios aplicar su Palabra para que le motive a una vida de honestidad.

## Bendiciones prometidas para la gente honesta

- **Intimidad con el Señor.** *"Porque Yavé… guarda su Amistad para los justos"* (Proverbios 3:32).

- **Una familia bendecida.** *"El justo que lleva una vida irreprochable; ¡felices sus hijos después de él!"* (Proverbios 20:7).

- **Larga vida.** *"La palabra verdadera se instala para siempre, lo que es falso dura sólo un momento"* (Proverbios 12:19).

- **Prosperidad.** *"Hay muchas riquezas en la casa del justo y muchos problemas con las ganancias del malo"* (Proverbios 15:6).

## Maldiciones reservadas para la gente deshonesta

- **Alejamiento de Dios.** *"Porque Yavé tiene horror de la gente sin conciencia…"* (Proverbios 3:32).

- **Problemas familiares.** *"El que corre tras el dinero desarma su casa…"* (Proverbios 15:27).

- **Muerte.** *"Amontonar con estafas un Tesoro es la ilusión de los que van a la muerte"* (Proverbios 21:6).

## ¿ES USTED LA PERSONA QUE EL SEÑOR ESTÁ BUSCANDO?

Nosotros tendemos a subestimar el impacto que puede tener una persona honesta en nuestra vida. Lea cuidadosamente Jeremías 5:1: *"Busquen por las plazas, a ver si encuentran a un hombre, uno siquiera, que practique la justicia y busque la verdad, y perdonaré a esta ciudad"*. El destino de una ciudad entera estaba en juego. Su futuro dependía de que hubiera en ella una persona totalmente honesta. ¿Será usted esa persona para su comunidad? Tal vez usted no reciba la aclamación de los medios de comunicación o de la comunidad de empresarios o de los políticos, pero en la economía de Dios, su compromiso a la honestidad puede tener una influencia enorme sobre su ciudad.

## CONTRASTE

**La sociedad dice:** Usted puede ser deshonesto porque todos los demás lo son.

**Las Escrituras dicen:** El Señor demanda honestidad absoluta aun en las cosas mínimas.

## COMPROMISO

Revise piadosamente esta lista de control de conducta honesta:

1. ¿Reportó todos sus ingresos en la declaración de impuestos?, ¿Son legítimas todas las deducciones que solicitó?

2. ¿Cuidó las propiedades de otros como si fueran suyas?

3. ¿Tiene el hábito de decir "pequeñas mentiras blancas"?

4. ¿Ha robado alguna vez artículos de oficina, sellos o cualquier cosa que pertenezca a su empleador?

5. Si le cobran menos del total de los artículos comprados, ¿lo notifica?

6. ¿Le importan los intereses de los otros, tanto como los suyos propios?

Pida a Dios que le muestre cualquier otra conducta deshonesta que deba ser cambiada, especialmente en las zonas grises. Pida a un amigo cercano que le aliente y le impulse a cumplir su promesa de ser honesto.

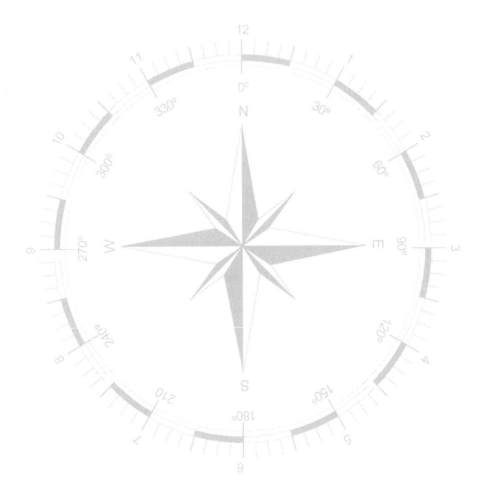

# NUEVE

# DAR

## ¿Cuál es su actitud hacia dar?

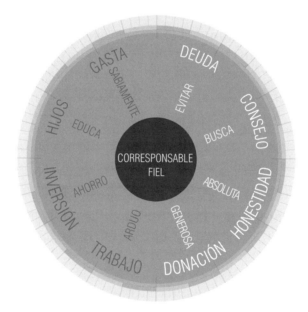

Alan y Jean decidieron unirse a un pequeño grupo de estudio *Compass* para aprender lo que nos enseña la Biblia acerca del dinero. Pocas semanas después de haber iniciado con el grupo, me reuní con Alan para desayunar. Él expresó cuánto significaba el estudio para él, y luego confesó tímidamente: "yo nunca había tenido ningún deseo de dar dinero. Ahora que entiendo lo que la Biblia tiene que decir acerca de ello, deseo dar, pero me siento frustrado. ¿Cómo puedo decidir dónde debo dar? Al parecer, mi buzón siempre está lleno de peticiones.

Hay muchas necesidades. Yo me siento culpable de que quizás no estamos dando lo suficiente. Y algunas veces soy cínico porque siento que soy manipulado sutilmente por personas cuyas metas pueden merecer la pena, pero cuyos medios para lograr las metas son cuestionables".

Yo supe lo que Alan estaba experimentando. Estuve tan frustrado como él lo estaba en aquel momento. Desde que empecé a aprender lo que dice la Biblia acerca de dar, el Espíritu Santo ha estado cambiando mis actitudes, y he experimentado las bendiciones de dar. Definitivamente, dar, ha sido el área más liberadora en mi experiencia cristiana.

Tanto el Antiguo como el Nuevo Testamento asignan un gran énfasis al tema de "dar". De hecho, hay más versículos relacionados al dar, que a ningún otro tema del dinero. Hay mandatos, sugerencias prácticas, ejemplos y exhortaciones referentes a esta faceta de la corresponsabilidad. En todo lugar de la Biblia, la codicia y la avaricia son condenadas, y la generosidad y la caridad son alentadas.

## ACTITUD AL DAR

Dar con la actitud adecuada es crucial. Lea 1 Corintios 13:3: *"Aunque repartiera todo lo que poseo, (para alimentar al pobre)... pero gloriarme, si no tengo amor, de nada me sirve"*. Es difícil imaginar algo más loable que dar todo a los pobres. Pero si esto se hace con la actitud errónea, sin amor, no beneficia al dador. El Señor puso el ejemplo de dar motivado por el amor.

*Recuerden las palabras del Señor Jesús: Hay mayor felicidad en dar que en recibir.*

Hechos de los Apóstoles 20:35

*"¡Así amó Dios al mundo! Le dio[Cursiva nuestra] al Hijo Único"* (Juan 3:16). Note la secuencia: porque Dios amó, Él dio.

Yo me esforcé durante años para dar consistentemente con un corazón de amor. La única manera de hacer esto es reconociendo que cada donación es hecha al Señor mismo. En Números 18:24, encontramos un ejemplo de esta perspectiva: *"El diezmo que los israelitas separan en honor de Yavé"*. Si se hace la donación simplemente a la iglesia, a un ministerio o a una persona necesitada, solamente es caridad. Pero si se hace al Señor, se convierte en un acto de culto. Porque Jesucristo es nuestro Creador, nuestro Salvador y nuestro Proveedor fiel. Nosotros podemos expresar nuestra gratitud y amor dándole a Él nuestras donaciones. Por ejemplo, cuando en la iglesia se pasa la cesta de las ofrendas, debemos recordar de manera consciente que estamos dando nuestras donaciones al Señor mismo.

Deténgase y examínese usted mismo. ¿Cuál es su actitud hacia el dar? Si no tenemos un actitud apropiada hacia el dar no comprenderemos la importancia de sus beneficios.

## VENTAJAS DE DAR

Por supuesto, una donación beneficia a quien la recibe. Sin embargo, de acuerdo a la economía de Dios, si una donación se hace con la actitud apropiada, el dador se beneficia más que quien la recibe. *"Recuerden las palabras del Señor Jesús. Hay más felicidad en dar que en recibir"* (Hechos de los Apóstoles 20:35). Al examinar las Escrituras, nosotros encontramos beneficios para el dador en cuatro áreas significativas.

### Aumento en intimidad con el Señor.

Por encima de todo, dar, dirige nuestra atención y nuestro corazón a Cristo. Mateo 6:21 nos dice, *"Pues donde está tu tesoro ahí estará también tu corazón"*. Es por esta razón que debemos estar conscientes de dar cada donación a Jesucristo.. Cuando usted hace a Él su donación, su corazón estará automáticamente atraído por el Señor.

## Desarrollo del carácter.

Nuestro Padre celestial quiere que nosotros, como hijos suyos, seamos conformados a la imagen de Su Hijo. El carácter de Cristo es generoso. Desafortunadamente, los humanos somos egoístas por naturaleza. Una de las formas fundamentales por la que nuestro carácter llega a conformarse al de Cristo es haciendo del dar un hábito. Alguien dijo una vez: "Dar no es la manera de Dios de reunir dinero; es la manera de Dios de reunir gente a la imagen de Su Hijo". El Señor entiende que para que nosotros nos desarrollemos en la persona que él quiere que seamos, debemos aprender cómo compartir libremente nuestras posesiones. Si no lo hacemos, nuestro egoísmo innato crecerá y nos dominará.

"Un ejemplo extremo es el de Howard Hughes. En su juventud Hughes fue un playboy típico, con pasión por las fiestas y las mujeres hermosas y una aversión hacia el dar. Con el paso de los años, convirtió una herencia en una vasta fortuna. Él se hizo más y más "puño cerrado". Dejó que su riqueza creara una barrera que creció gradualmente entre él y las demás personas. En sus últimos años, vivió aislado y llegó a ser un prisionero cuya vida estuvo dedicada a evitar los gérmenes y las personas".[3]

Katherine Drexel es un agudo contraste con Hughes. Cuando ella era joven, también heredó riqueza al morir sus padres. En lugar de vivir de su herencia, ella ingresó a la vida religiosa y formó la orden de Las Hermanas del Santísimo Sacramento, dedicada al bienestar de los jóvenes nativo-americanos y niños de color. Durante muchos años Katherine uso su herencia para construir escuelas, hospitales y misiones para el beneficio de estos niños. Saint Katherine mostró valor e iniciativa abordando la desigualdad social entre las minorías—más de cien años antes de que estos fueran temas de la sociedad. *"Que practiquen el bien,…que den de buen corazón, que sepan compartir… y conseguirán la vida verdadera"* (1Timoteo 6:18-19).

**Inversiones para la eternidad.**

Mateo 6:20 nos dice: *"Junten tesoros y reservas en el cielo, donde no hay polilla ni óxido para hacer estragos, y donde no hay ladrones para romper el muro y robar"*. El Señor nos dice que hay algo realmente similar al "Primer Banco Nacional del Cielo". Él quiere que nosotros sepamos que podemos invertir para la eternidad.

Pablo escribió, *"No es que yo busque regalos; más me interesa que la cuenta de ustedes vaya subiendo"* (Filipenses 4:17). Cada uno de nosotros tiene una cuenta en el cielo. Nosotros tendremos el privilegio de disfrutarla eternamente. La Biblia nos enseña que "no podemos llevarla con nosotros," pero podemos hacer depósitos a nuestra cuenta celestial antes de morir.

El escritor Randy Alcorn en su excelente libro: *Money, Possessions and Eternity* (Dinero, Posesiones y Eternidad) ilustra la sabiduría y el valor de las inversiones eternas.

"Imagine por un momento que usted vive al final de la Guerra Civil. Usted está viviendo en el Sur, sin embargo su casa está realmente en el Norte. Usted ha acumulado una buena cantidad de dinero en moneda Confederada mientras se encontraba en el Sur. Suponga que sabe que el Norte pronto ganará la guerra. ¿Qué hará usted con el dinero Confederado?"

"Si usted fue inteligente sólo hay una respuesta a esta pregunta. Usted cambiaría su dinero de moneda Confederada a moneda estadounidense—la única moneda que tendrá valor después de terminada la guerra."

"La moneda de este mundo no tendrá ningún valor en nuestra muerte o al regreso de Cristo, ambos eventos inminentes. Para nosotros, acumular abundantes tesoros terrenales conociendo el futuro inevitable, es el equivalente a acumular dinero Confederado".[4]

La única moneda de valor en el cielo es nuestro servicio actual y nuestra donación generosa al reino de Dios. "Insistamos más y más en el incremento de fondos de amor, de amabilidad, de comprensión, de paz. El dinero vendrá si nosotros buscamos primero el Reino de Dios – el resto será dado", (Madre Teresa).

### Incremento en bendiciones.

Mucha gente se resiste a creer que dar deriva en bendiciones que fluyen para el dador. En Proverbios 11:24-25 leemos, *"Uno reparte abundantemente y se enriquece, otro economiza y se empobrece. El que es generoso será saciado..."*

Analice 2 Corintios 9:6, 8 *"Miren: el que siembra con mezquindad, con mezquindad cosechará, y el que siembra sin calcular, cosechará también fuera de todo cálculo...y poderoso es Dios para bendecirles de mil maneras, de modo que nunca les falte nada y puedan al mismo tiempo cooperar en toda obra buena".*

Estos versículos enseñan claramente que dar deriva en bendiciones, pero note cuidadosamente porque el Señor devuelve las bendiciones *"de modo que nunca les falte nada y puedan al mismo tiempo cooperar en toda obra buena"*. Como se muestra en el siguiente diagrama, el Señor produce un incremento para que así nosotros podamos dar más y tener, al mismo tiempo, satisfechas nuestras necesidades.

## CANTIDAD PARA DAR

Investiguemos lo que dicen las Escrituras acerca de cuánto dar. En el Antiguo Testamento era requerido dar el diezmo o el 10% de lo que una persona ganaba. Cuando los hijos de Israel desobedecieron este mandamiento, se refirió como un robo a Dios mismo. Escuche las solemnes palabras del Señor en los días de Malaquías: *"¿Puede acaso un hombre engañar a Dios? Pero ustedes me están engañando. Ustedes dirán, ¿en qué cosa te hemos engañado? Pues con los diezmos y tributos sagrados. Por eso los maldigo, a todos ustedes israelitas, que son unos tramposos"* Malaquías 3:8-9).

Además del diezmo los hebreos daban las ofrendas. El Señor también creó provisiones especiales para las necesidades del pobre. Por ejemplo, cada siete años todas las deudas eran perdonadas, y se regía la cosecha con reglas especiales para que el pobre pudiera reunir alimento.

En el Nuevo Testamento el diezmo no es rechazado ni recomendado. Nos instruye a dar en proporción a las bendiciones materiales que hemos recibido. Especialmente, recomienda dar en sacrificio.

Lo que me agrada del diezmo o de cualquier porcentaje fijo de dar es que es una forma sistemática, y el total de la donación es fácil de computar. El peligro del diezmo es que éste puede ser considerado simplemente como "otra cuenta" a ser pagada. Al no dar con un corazón amoroso, caemos en una posición en la que no puedo recibir las bendiciones que el Señor ha diseñado para un dador. Otro peligro potencial del diezmo es asumir que una vez lo damos cumplimos con todas nuestras obligaciones de dar. Cuando la realidad del diezmo debe ser el inicio de su donación, no el límite.

### ¿Cuánto debe usted dar?

Para responder esta pregunta, primero debe entregarse al Señor. Sométase a Él usted mismo. Busque fervorosamente su voluntad para usted en lo concerniente a dar. Pida su ayuda para obedecer la guía de Cristo. Como discípulos de Jesús, nosotros tenemos la responsabilidad de apoyar a la Iglesia y contribuir generosamente a la construcción del Cuerpo de Cristo. Nuestro énfasis no debe estar en el diezmo, sino en dar de acuerdo a nuestros medios, usando el diezmo como punto de partida. Esta puede ser una norma mucho más desafiante, al enfocarse no en cuánto damos, sino en lo que hacemos con todos nuestros recursos.

La familia Álvarez son un ejemplo. Ellos eran propietarios de una zapatería. Los miembros de la familia estuvieron orando para que Dios guiara su manera de compartir. Mientras oraban, ellos se impresionaron por las necesidades de los Pérez, una familia numerosa de su comunidad. Para los Pérez la economía era estrecha porque el año escolar estaba iniciando. Los Álvarez decidieron dar a cada uno de los cinco hijos de la familia Pérez dos pares de zapatos. Ellos no sabían que los hijos de los Pérez habían estado orando precisamente por los zapatos.

Una noche, mientras estaban alrededor de la mesa, los hijos de la familia Pérez oraron nuevamente por los zapatos. Después de terminar sus oraciones, su madre dijo: "Ya no tienen que pedir más al Señor por zapatos. Dios ha respondido sus oraciones". Uno a uno fue sacando de la caja sus zapatos.

Al final, los niños pensaron, ¡Dios seguramente estará en el negocio de los zapatos! Quisiera que usted hubiese visto el asombro en el rostro de los Álvarez al haber experimentado de primera mano cómo Dios estaba dirigiendo su compartir a través del misterio silencioso de la oración.

¿Cuánto debo dar? Estamos seguros de que este pensamiento le ha pasado por su mente. La respuesta es que usted no tiene que dar nada. Como buen corresponsable usted debe preguntarse, "¿cuánto deseo dar?" La bendición que tenemos como buenos corresponsables es que somos libres de dar tanto como queramos. Fundamentalmente la pregunta no debe girar alrededor del "mínimo" a donar, sino de la "máxima" cantidad para dar. Nuestras donaciones deben venir de nuestro corazón y deben ser un indicador de nuestra fe. (Cf. USCCB, *"Corresponsabilidad – La Respuesta del Discípulo; Carta Pastoral sobre la Corresponsabilidad,"* p 67).

## EL MODELO PARA DAR

Durante el tercer viaje misionero de Pablo, él escribió a los Corintios refiriéndose a la colecta prometida para satisfacer las necesidades de los creyentes perseguidos en Jerusalén. *"Cada domingo cada uno de ustedes ponga aparte lo que pueda, y no esperen a que yo llegue para recoger las limosnas"* (1 Corintios 16:2). Sus comentarios proveen instrucción práctica acerca de donar. Llamemos a este modelo de Pablo, "serie de las P's" en la cual la donación es **p**ersonal, **p**eriódica, depositada en **p**rivado y **p**remeditada.

### Dar debe ser personal.

Dar es el privilegio y la responsabilidad de todo Cristiano, joven y viejo, rico y pobre. *"Cada uno de ustedes…"* Los beneficios de dar están diseñados para ser disfrutados por cada persona.

Hace varios años conocí a un vecino para quien dar era un gozo. Fue  evidente de inmediato para mí que él obtuvo un enorme placer al dar. Nunca antes había conocido a una persona como esta. Al crecer nuestra relación, yo he descubierto cómo aprendió a ser un dador gozoso. Sus padres compartieron generosamente con aquellos en necesidad y requirieron a cada uno de sus hijos establecer este hábito. Como consecuencia, él continúa disfrutando un nivel de libertad al compartir que pocas personas experimentan.

**Dar debe ser en forma periódica.**

Periódica es la segunda de las P's en le modelo de Pablo. El Señor entiende que nosotros necesitamos dar con regularidad, "cada domingo". La acción de dar con frecuencia, nos atrae hacia Cristo consistentemente.

**Dar debe ser un depósito privado.**

*"Separe un dinero…y guárdelo…"* Si usted tiene dificultad en monitorear el dinero que ha decidido dar, considere abrir una cuenta. Usted puede hacer algo tan sencillo como separar un "caja de galletas" para que deposite el dinero que se propone dar.

La parte más gratificante de separar un dinero es la emoción de orar para que Dios nos haga conscientes de las necesidades y después nos permita responder a ellas.

**Dar debe ser premeditado.**

Casi cada domingo Bev me preguntaba, "Cariño, ¿cuánto te gustaría dar a la iglesia esta semana?". Mi respuesta siempre era la misma, "No importa. Decídelo tú". Debido a mi actitud despreocupada, yo no estaba en la posición de experimentar la bendición que significa para el dador. Para conocer la alegría plena y cosechar la bendición de dar, esto debe hacerse cuidadosamente. *"Cada uno dé según lo que decidió personalmente, y no de mala gana o a la fuerza, pues Dios ama al que da con corazón alegre"* (2 Corintios 9:7).

Nuestra donación debe involucrar pensamiento, planificación y oración., Muchos creyentes piensan como yo acostumbraba a hacerlo – no pensar en la ofrenda hasta el momento de la colecta. De la misma manera que decidimos cuidadosamente dónde vamos a donar, debemos decidir dónde vamos a invertir.

El ejemplo supremo de donación premeditada fue establecido por nuestro Salvador, *"Él eligió la cruz en vez de la felicidad que se le ofrecía…"* (Hebreos 12:2).

## ¿A QUIÉN DEBEMOS DAR?

Se nos ha enseñado a compartir con las personas en tres áreas. A quién y en qué proporción uno decide dar, dependerá de las necesidades que Dios deposita en el corazón de cada creyente.

### La familia

En nuestra cultura, nosotros estamos experimentando una trágica ruptura en el área de compartir. Esposos que han fallado para proveer a sus esposas, padres que han descuidado a sus hijos, hijos e hijas adultos que han abandonado a sus padres ancianos. Este descuido es condenado solemnemente. *"Quien no se preocupa de los suyos, especialmente de los de su casa, ha renegado de la fe y es peor que el que no cree"* (1 Timoteo 5:8). Solventar las necesidades de su familia y parientes es la primera prioridad en la donación y una en la que no debe haber negociación.

### La iglesia local, los trabajadores cristianos y los ministerios

A través de sus páginas, la Biblia se enfoca en apoyar el ministerio del Señor. El sacerdocio en el Antiguo Testamento era para recibir apoyo específico (Números 18:21), y la enseñanza en el Nuevo Testamento del apoyo al ministerio tiene la misma firmeza. *"Los ancianos que son buenos líderes, recibirán doble honor y remuneración, sobre todo los que llevan el peso de la predicación y de la enseñanza"* (1 Timoteo 5:17). ¿Cuántos trabajadores cristianos han estado distraídos de su ministerio por un apoyo inadecuado? Demasiados.

La gente nos ha preguntado a Bev y a mí si nosotros damos solamente a través de nuestra iglesia local. En nuestro caso, la respuesta es no. Sin embargo, dar un mínimo del 10% de su ingreso a través de su iglesia es una expresión tangible de su compromiso con la Iglesia.

Nosotros damos también a otros que nos impactan de manera directa. *"El que se hace instruir, debe retribuir al que lo instruye con cualquier cosa que tenga"* (Gálatas 6:6).

## El pobre

Yo no dormí hambriento anoche. Pero se estima que un billón de personas en el mundo duermen hambrientas cada noche. Esto es abrumador. El número es tan grande que puede dejarnos desesperanzados ante lo que podemos hacer. Sin embargo, las Escrituras enfatizan consistentemente nuestra responsabilidad de dar al pobre y al indigente.

En Mateo 25:34-45 nosotros somos confrontados con una de las verdades más apasionantes y aleccionadoras en la Biblia. Lea este pasaje cuidadosamente:

> *"Entonces el rey dirá... 'porque tuve hambre y ustedes me dieron de comer; tuve sed y ustedes me dieron de beber...' Entonces los justos dirán: '¿Señor, cuándo te* vimos hambriento y te dimos de comer o sediento y te dimos de beber?'... *El rey les responderá... 'En verdad les digo que, cuando lo hicieron con alguno de los más* pequeños de estos mis hermanos, me lo hicieron a mí'. *Dirá después a los que están a la izquierda, '¡malditos,* aléjense de mí y vayan al fuego eterno...! *Porque tuve hambre y ustedes no me dieron de comer; tuve sed y no me dieron de beber; en verdad les digo, siempre que no lo hicieron con alguno de estos más pequeños ustedes dejaron de hacérmelo a mí"*.

De alguna manera misteriosa que no podemos comprender, Jesús se identifica personalmente con el pobre. ¿Desea usted ser ministro de Cristo? Realmente lo es cuando usted da al pobre. Si esta verdad es asombrosa, su reciprocidad es aterradora. Cuando nosotros no damos al pobre, dejamos a Cristo mismo hambriento y sediento.

La vida Cristiana se afecta por nuestra donación o la falta de ella hacia los pobres en tres áreas:

## 1. La oración

Negarse a dar al pobre podría ser el resultado de un corazón endurecido y un corazón endurecido frecuentemente está asociado a la falta de oración. *"¿No saben cuál es el ayuno que me agrada?...compartirás tu pan con el hambriento, los pobres sin techo entrarán a tu casa,...entonces tu luz surgirá como la aurora..."* (Isaías 58:6-9). "La oración no busca un logro superficial, sino la voluntad de Dios y la intimidad con él. El aparente silencio de Dios es una invitación a continuar hacia adelante—en completa devoción, fe abundante, y expectación interminable. Cualquiera que ore debe permitir a Dios la libertad total para hablar cuando él lo desee, conceder lo que él quiera, y dar de sí mismo en la manera que él lo desee" (CCC2735-2737, YOUCAT 507).

## 2. Provisión

Nuestra provisión está condicionada por lo que damos al necesitado. *"Al que da al pobre nada le faltará, el que prefiere no verlo conseguirá maldiciones"* (Proverbios 28:27).

## 3. Conocer a Jesús íntimamente

Quien no da al pobre no conoce al Señor íntimamente. *"Juzgaba la causa del desamparado y del pobre. Yavé te pregunta, ¿conocerme no es actuar en esa forma?"* (Jeremías 22:16).

Dar al pobre ha sido desalentado, en parte, por las fallas en los programas de gobierno. Sin embargo, yo quisiera desafiarle a que considere pedir al Señor traer a una persona pobre a su vida. Este será un paso significativo en la madurez de su relación con Cristo. Oro para que usted y yo podamos hacer eco de las palabras de Job: *"Pues yo libraba al pobre que gemía y al huérfano que no tenía apoyo, la bendición del desgraciado caía sobre mí y yo alegraba el corazón de la viuda...era yo los ojos para el ciego y los pies para el cojo. Era el padre de los pobres y me preocupaba por la causa del desconocido"* (Job 29:12-16).

Aunque esta área de dar en algunas ocasiones pueda ser frustrante, los beneficios potenciales para el dador la convierten en una de las áreas más emocionantes y satisfactorias de nuestra vida cristiana.

## CONTRASTE

**La sociedad dice:** Es más bendecido recibir que dar.

**Las Escrituras dicen:** *"Hay mayor felicidad en dar que en recibir.* (Hechos de los Apóstoles 20:35).

## COMPROMISO

Establezca un tiempo cada semana en el que usted pueda orar acerca de la donación.

# DIEZ
# EL TRABAJO

## *¿Quién es su verdadero empleador?*

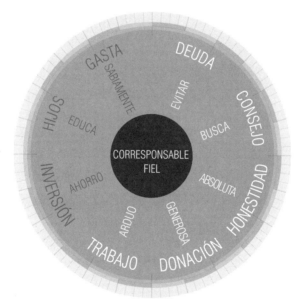

A la edad de 29 años Alan Hitchcock se sintió atrapado. Había trabajado como empleado en una enorme tienda departamental.

Él era competente, y en el trabajo era bien remunerado. Pero ansiaba una gerencia en el futuro. Al mirar a su alrededor, veía que quienes lograban ser promovidos a puestos administrativos tenían grados universitarios. Así que, tomando cursos por la noche, completó los requerimientos y obtuvo el título de licenciado en administración. Muy pronto la compañía promovió a Alan a un puesto con un salario mucho más elevado.

Los primero años fueron simplemente como él lo imaginaba—horas razonables, y salario y beneficios adicionales atractivos. Entonces sucedió lo inesperado. La compañía se expandió a la Florida, y los Hichtcock fueron transferidos. La agenda de expansión requirió de estrictos límites de tiempo, y Alan asumió mayores responsabilidades como subdirector. Al principio disfrutó la emoción del desafío; aunque sus cinco días de trabajo a la semana se convirtieron en seis y su horario normal de ocho horas al día aumentó a 14. Para colmo, su nuevo jefe era tan demandante que Alan empezó a experimentar una gran cantidad de tensión en el trabajo.

> *La pereza, como el óxido, deteriora más rápido que el trabajo.*
>
> –Benjamín Franklin

Ahora él tenía más trabajo y más responsabilidad, pero como subdirector ya no podía obtener paga por el tiempo extra. Como resultado él ganaba el mismo salario que tenía antes de la promoción. Esto provocó un resentimiento hacia su jefe. Alan empezó a preguntarse si la subdirección valía la pena el estrés.

Las frustraciones de trabajo de Alan no son inusuales. Pocas personas están completamente satisfechas con sus trabajos. El aburrimiento, la falta de satisfacción, el temor a perder el trabajo, los salarios inadecuados, el exceso de trabajo y otras innumerables presiones contribuyen al descontento. Médicos, constructores de casas, secretarias, agentes de ventas, clase trabajadora y administradores—no importa la profesión, las frustraciones son similares.

Durante una Carrera de 50 años, una persona promedio invierte 100,000 horas de trabajo. La mayor parte de la vida de un adulto es estar en el trabajo. Desafortunadamente, son muchos los que se conforman con su trabajo he ignoran el hecho de que dediquen el 25 por ciento de sus vidas en un trabajo que no les guste. De otra parte, a algunas personas les gusta mucho su trabajo pero descuidan otras prioridades de su vida.

Usualmente las personas se inclinan a uno de los dos extremos: trabajan tan poco como les es posible porque el trabajo no les agrada o tienden a trabajar todo el tiempo porque el trabajo es para ellas extremadamente importante. La Biblia afirma el valor del trabajo, sin embargo enseña que debemos tener un balance. El trabajo está diseñado para desarrollar nuestro carácter. Al mismo tiempo nos permite proveer el material para nuestro bienestar. El trabajo es el camino para experimentar una relación más cercana con el Señor y con los demás. Para encontrar satisfacción y lograr el balance en nuestro trabajo, nosotros necesitamos entender lo que nos enseña la Biblia acerca de este tema.

## PERSPECTIVA BÍBLICA DEL TRABAJO

*"Yavé Dios tomó al hombre y lo puso en el Jardín del Edén para que lo cultivara y lo cuidara"* (Génesis 2:15). *"Esta actividad humana de cultivar y cuidar tiene un nombre genérico: trabajo. No es un castigo o una consecuencia del pecado. Ciertamente, el pecado desvía dolorosamente la experiencia del trabajo: "Con el sudor de tu frente comerás tu pan…"* (Génesis 3:19). Pero, aun así, el mandato de Dios a la humanidad de colaborar con él en la tarea de crear—o mandamiento de trabajar—es anterior a la Caída. "El trabajo es un aspecto fundamental de la vocación humana. Es necesario para la felicidad y la satisfacción humanas. Es intrínseco a la corresponsabilidad responsable del mundo". (Corresponsabilidad: La Respuesta del Discípulo, USCCB, 25).

Lo primero que hizo el Señor con Adán fue asignarle su trabajo. A pesar de lo que muchos han pensado, el trabajo se inició para nuestro beneficio en el ambiente libre de pecado del Jardín del Edén. Después de la Caída, el trabajo se hizo más difícil. *"… maldita sea la tierra por tu causa. Con fatiga sacarás de ella el alimento por todos los días de tu vida. Espinas y cardos te dará, mientras le pides las hortalizas que comes. Con el sudor de tu frente comerás tu pan hasta que vuelvas a la tierra, pues de ella fuiste sacado"* (Génesis 3:17-19).

El trabajo es tan importante que en Éxodo 34:21 Dios nos da este mandamiento: *"Trabajarás seis días y al séptimo día descansarás"*. Se requería a los creyentes del Antiguo Testamento trabajar seis días. En el Nuevo Testamento Pablo es igualmente directo cuando dice: *"...además, cuando estábamos con ustedes les dijimos claramente: el que no quiera trabajar que tampoco coma"* (Tesalonicenses 3:10). Examine el versículo cuidadosamente: este dice, *"el que no quiera trabajar"*. No dice, *"el que no pueda trabajar"*. Este principio no aplica a aquellos que están mental o físicamente discapacitados para trabajar. Se refiere a aquellos que tienen todas las capacidades pero que eligen no trabajar.

El propósito fundamental del trabajo es desarrollar el carácter. Mientras el carpintero construye la casa; la casa está también construyendo al carpintero. Se refinan en él su habilidad, diligencia, destreza manual y su capacidad de juicio. Un trabajo no es simplemente una tarea diseñada para ganar dinero; la intención es también formar un carácter piadoso en la vida del trabajador.

Un amigo cercano tiene una hermana que ha sido apoyada por sus padres durante más de 30 años. Ella nunca ha tenido que enfrentar las responsabilidades y dificultades involucradas con un trabajo. Como consecuencia, su carácter no ha sido desarrollado adecuadamente y ella es inmadura en muchas áreas de su vida.

### Profesiones honradas

Las Escrituras no elevan ninguna profesión sobre otra. La dignidad está en todo tipo de trabajo, y se representa en la Biblia una amplia variedad de vocaciones.

David fue pastor y rey. Lucas fue doctor. Lidia fue comerciante de textiles. Daniel fue empleado del gobierno. Pablo era fabricante de tiendas. Jesús, el Salvador del mundo, era carpintero. En la economía de Dios hay igual dignidad en el trabajo de una persona de ventas y el presidente de una compañía, en el trabajo de un civil y el de un general que sirve en la milicia.

Una mujer que trabaja en la caja registradora de un supermercado escribe: "Siento que mi trabajo consiste en mucho más que registrar ordenes, recibir dinero de las personas y poner comestibles en bolsas…" Yo sé que haciendo bien mi trabajo tengo la oportunidad de hacer también el trabajo de Dios. Por esta razón, trato de hacer sentir especial a cada uno de mis clientes. En el momento de servirles, ellos se convierten en las personas más importantes en mi vida". (Maxine F. Dennis, en Of Human Hands [Minneapolis y Chicago; Augsburg Fortress/ACTA Publications, 1991], 49) (Corresponsabilidad: La Respuesta del Discípulo, USCCB, 26-27).

## LA PARTE DE DIOS EN EL TRABAJO

La Biblia revela tres responsabilidades específicas que tiene el Señor en relación con el trabajo:

### Dios da las habilidades para el trabajo.

El Éxodo 36:1 ilustra esta verdad: *"Así, pues, Bezaleel, Oholiab y todos los hombres peritos a los que Yavé ha dado habilidad y pericia para saber realizar todos los trabajos en servicio del Santuario, ejecutarán todo conforme lo ha mandado Yavé".* Dios ha dado a cada uno de nosotros habilidades únicas. Las personas tienen una amplia variedad de habilidades, destrezas manuales y capacidades intelectuales. No es que una persona ser mejor que otra; simplemente es el hecho de haber recibido diferentes capacidades.

### Dios da el éxito.

La vida de José es un ejemplo perfecto. *"Yavé estuvo con José y le fue bien en todo; y se quedó en casa del egipcio su amo. El egipcio vio que Yavé estaba con José y hacía prosperar todo cuanto emprendía"* (Génesis 39:2-3) Como usted lo ha visto, usted y yo tenemos ciertas responsabilidades, pero necesitamos reconocer que al final es Dios quien da el éxito.

## Dios controla las promociones.

En el Salmo 75:7-8 se lee, *"Pues, he aquí que viene, no del oriente ni del occidente, ni del desierto ni de las montañas, pero sí viene Dios, que es el juez, para humillar a unos y ensalzar a otros"*. Aunque esto pueda sorprenderle, no es su jefe quien controla si usted será promovido o no. Cuando usted entienda esto, trabajará con una actitud diferente. Esto tendrá un impacto significativo en la manera en la usted se desempeña como empleado.

Esta perspectiva de la parte de Dios en el trabajo contrasta en forma importante con la manera en la que la mayoría de las personas piensan. Las personas en su mayoría dejan a Dios fuera del trabajo y creen que ellas tienen el control de su éxito y de sus promociones. Sin embargo, aquellos con conocimiento Bíblico se acercarán al trabajo con un marco de referencia totalmente diferente. Ellos pueden evitar una de las principales razones por las que la gente experimenta estrés y frustración en sus trabajos, porque ellos entienden la parte de Dios en el trabajo.

Deténgase por unos minutos en la lectura y piense acerca de la parte de Dios en el trabajo. Dios le da las habilidades que usted tiene y controla su éxito y su promoción. Piense cómo este cambio de perspectiva influenciará en usted y en su trabajo.

## NUESTRA PARTE EN EL TRABAJO

Todos nosotros tenemos ciertas responsabilidades relacionadas a nuestro trabajo. Las Escrituras revelan que nosotros realmente servimos al Señor y no a la gente en nuestro trabajo. *"Cualquier trabajo que hagan, háganlo de buena gana, pensando que trabajan para el Señor y no para los hombres. Bien saben que el Señor les recompensará dándoles la herencia prometida. Su Señor es Cristo y están a su servicio"* (Colosenses 3-23-24). Esta perspectiva tiene profundas implicaciones. Considere su actitud hacia el trabajo. Si pudiera ver a la persona de Cristo como su jefe, ¿trataría usted de ser más fiel en su trabajo? La pregunta más importante que usted necesita responder cada día al iniciar su trabajo es: ¿Para quién trabajo? Usted trabaja para Cristo.

**Trabaje arduamente.**

*"Haz todo lo que esté a tu alcance y que te sientas capaz de hacer..."* (Eclesiastés 9:10). *"Ser activo es el secreto de la riqueza"* (Proverbios 12:27). En la Biblia son alentados el trabajo arduo y la diligencia, mientras la pereza es condenada repetidamente: *"El que flojea en su trabajo es hermano del que demuele"* (Proverbios 18:9).

La vida de Pablo fue un ejemplo de arduo trabajo. *"...sino que trabajamos duramente noche y día hasta cansarnos para no ser una carga para ninguno. Teníamos, por supuesto el derecho de actuar en otra forma, pero quisimos ser para ustedes un modelo que imitar"* (2 Tesalonicenses 3:8-9). Su trabajo debe ser a tal grado que la gente nunca equipare con Dios la pereza y la mediocridad.

¡Pero no trabaje en exceso! Trabajar en exceso ha alcanzado proporciones epidémicas. En nuestra cultura prevalece un excesivo compromiso frenético con el trabajo. El trabajo arduo debe ser balanceado con otras prioridades de la vida. Claramente nuestra primera prioridad es nuestra relación con el Señor. *"Por lo tanto, busquen primero su reino (de Dios) y su justicia..."* (Mateo 6:33). La segunda prioridad es la familia.

Si su trabajo demanda tanto de su tiempo y energía que usted descuida su relación con Cristo o con su familia, entonces usted está trabajando demasiado duro; quizás el trabajo es demasiado demandante o sus hábitos de trabajo necesiten cambiar. Si usted tiende a ser un trabajador obsesivo, tome precauciones extra para *no abandonar sus otras prioridades.*

*En Éxodo 34:21 se lee, "Trabajarás seis días, y al séptimo día descansarás, incluso en tiempo de aradura y de siega".* Este principio del Antiguo Testamento de descansar uno de los siete días podemos aplicarlo en nuestras vidas. Esto ha sido difícil para mí, particularmente cuando trabajo bajo la presión del tiempo límite para terminar un proyecto o bajo presión económica.

El descanso puede ser un asunto de fe. ¿Es el Señor capaz de hacer nuestros seis días de trabajo más productivos que siete? ¡Sí! El Señor instituyó este descanso semanal para nuestra salud física, mental y espiritual. El diagrama de abajo ilustra el balance que Dios desea en nuestras vidas.

Una vida balanceada con satisfacción

## RESPONSABILIDADES DE LOS PATRONOS

Los patronos deben desempeñar actos balanceados. El patrono debe amar, servir y alentar al empleado. De igual manera, debe también proveer liderazgo y mantener que los empleados y mantener que los empleados cumplan con las responsabilidades asignadas. Examinemos varios principios que deben gobernar la conducta del empleador.

### Servir a sus empleados.

El fundamento del liderazgo bíblico es el servicio: *"...el que de ustedes quiera ser grande, que se haga el servidor de ustedes..."* (Mateo 20:26). Con frecuencia, los patronos se han enfocado en producir ganancias a expensas de su personal. Sin embargo, la Biblia guía al empleador a balancear los esfuerzos de hacer ganancias con una preocupación generosa por el empleado. Los empleados deben ser tratados con justicia y con auténtica dignidad. *"En cuanto a ustedes patrones, den a sus servidores lo que es justo y razonable, sabiendo que también ustedes tienen un Señor en el cielo"* (Colosenses 4:1).

> *La diligencia es la madre de la buena fortuna*
>
> —Cervantes

Los empleadores deben buscar maneras creativas para servir a sus subordinados. Por ejemplo, deben considerar invertir tiempo y dinero en educar y mejorar las habilidades de trabajo de sus empleados. Al estar los empleados más capacitados, ambos se benefician más.

### Ser un buen comunicador.

La narración bíblica de la construcción de la Torre de Babel nos enseña la importancia de la buena comunicación. En aquel tiempo todos hablaban el mismo lenguaje y adoptaron la meta común de construir la torre. El Señor hace esta importante observación: *"...veo que todos forman un solo pueblo y tienen una misma lengua. Si esto va adelante, nada les impedirá desde ahora que consigan todo lo que se propongan"* (Génesis 11:6).

Como la construcción de la torre no era lo que el Señor deseaba, Él detuvo la construcción. Pero, ¿cómo hizo esto el Señor? Simplemente interrumpió su habilidad para comunicarse. *"Pues bien, bajemos y confundamos ahí mismo su lengua, de modo que no se entiendan los unos a los otros"* (Génesis 11:7).

Es de especial importancia escuchar las quejas de los empleados. *"Si he menospreciado el derecho de mi siervo o de mi sierva, cuando se quejaron de mí, ¿qué podré hacer cuando Dios me juzgue? Y cuando me pida cuentas, ¿qué responderé?"* (Job 31:13-14). Escuchar con sensibilidad es una expresión tangible de que usted se preocupa por la otra persona. Cuando una queja es genuina, el patrón debe tomar los pasos adecuados para resolver el problema.

### Considerar a los empleados responsables.

El patrono es responsable de dar a conocer a sus empleados lo que se espera de ellos en el trabajo. El empleador debe evaluar regularmente su desempeño y comunicárselo. Si un empleado no se desempeña satisfactoriamente y es incapaz o no está dispuesto a cambiar, tal vez sea necesario el cambio de personal.

### Pagar a sus empleados un salario justo con prontitud.

Los patronos deben asegurarse de pagar un salario justo.. *"(El Señor juzgará) para los que abusan del asalariado"* (Malaquías 3:5). También deben pagar los salarios con prontitud, a su debido tiempo. *"No explotarás al jornalero humilde y pobre, ya sea uno de tus hermanos o un forastero que se encuentre en tu tierra...le pagarás cada día antes de la puesta del sol, porque es pobre y está pendiente de su salario...No sea que clame a Yahvé contra ti, pues tu cargarías con un pecado"*.

(Deuteronomio 24:14-15). Tobías reitera este mensaje, *"No dejes para el día siguiente el pago de tus obreros, sino que dáselos inmediatamente. Si sirves a Dios serás recompensado"* (Tobías 4:14).

## RESPONSABILIDADES DE LOS EMPLEADOS.

Nosotros podemos identificar las seis responsabilidades mayores del empleado piadoso al examinar la conocida historia de Daniel en el foso de los leones. En el capítulo 6 de Daniel se nos dice que, Darío, el rey de Babilonia, nombró a 120 hombres para administrar el gobierno y tres hombres — uno de los cuales era Daniel — para supervisar a estos administradores. Cuando el Rey Darío decidió promover a Daniel al puesto de gobernar el reino entero, los empleados, compañeros de Daniel trataron de eliminarlo. Ellos buscaron primero una oportunidad para desacreditarlo en su trabajo. Después de fallar, ellos persuadieron al Rey Darío de hacer un absurdo decreto. Durante 30 días todos en el reino debían rendir culto sólo al rey o sufrir la muerte en el foso de los leones como castigo. Daniel fue lanzado a los leones porque continuó dando culto al Dios vivo. Entonces el Señor rescató a su devoto empleado enviando a Su ángel a cerrar las fauces de los leones.

Examinemos los atributos de un empleado devoto de acuerdo al modelo de Daniel.

### Honesto

Daniel 6:5 nos dice que los empleados, compañeros de Daniel, no pudieron encontrar motivos de acusación contra él en lo que se refería a su trabajo. *"...Ni negligencia ni falta"* pudieron ser encontradas en el trabajo de Daniel. Él era absolutamente honesto. Nosotros hemos estudiado anteriormente en este libro la importancia de la honestidad.

### Fiel

En Daniel 6:5, Daniel es descrito como "fiel". El buen empleado necesita establecer la meta de ser fiel y excelente en su trabajo. Después él/ella deberá trabajar arduamente para obtener esa meta.

### Hacer oración

El buen empleado es una persona de oración. *"Cuando Daniel supo que había sido firmado ese decreto,* (de dar culto sólo al rey) *entró en su casa; su pieza estaba en el segundo piso y las ventanas daban a Jerusalén. Tres veces al día Daniel se ponía de rodillas oraba y alababa a Dios como lo había hecho siempre"* (Daniel 6:10).

Daniel gobernó la nación más poderosa de su época. Muy pocos de nosotros enfrentaremos la magnitud de sus responsabilidades y la demanda del tiempo que deben haber requerido. Sin embargo, este hombre conocía la importancia y la prioridad de orar. Si usted no ora consistentemente, su trabajo sufre.

### Honrar al patrón

*"Daniel respondió, '¡Viva el Rey para siempre!'"* (Daniel 6:22). ¡Qué respuesta tan significativa! El rey, su patrón, había sido engañado y estuvo forzado a sentenciar a Daniel al foso de los leones. Pero la reacción de Daniel fue honrar a su patrón. Piense cuán natural habría sido decir algo como, "¡Mira la marioneta! ¡El Dios que envió a Su ángel a cerrar las fauces de los leones va a castigarte!" En lugar de decir esto, él honró a su patrón.

El buen empleado siempre honra a su superior. En 1 Pedro 2:18 nosotros leemos, *"Que los siervos* (empleados) *obedezcan a sus patrones con todo respeto, no sólo a los que son buenos y comprensivos, sino también a los que son duros".* Una manera de honrar a su patrón es nunca participar en chismes a sus espaldas—aún si él no es la persona ideal.

## Honrar a los empleados compañeros de trabajo

Las personas harán juegos de "política de oficina" e intentarán asegurar una promoción por encima de usted. Tal vez ellos/as hasta hagan que le despidan de su trabajo. Los compañeros de Daniel trataron de matarlo. A pesar de esto, no existe evidencia de que Daniel haya hecho nada más que honrar a sus compañeros empleados. Nunca difame a un compañero. *"No acuses a un sirviente (empleado) ante su patrón; si te maldijera, lo tendrías bien merecido"* (Proverbios 30:10).

La persona piadosa debe evitar la política de oficina y la manipulación para conseguir una promoción. Su superior no controla su promoción. Es el Señor quien toma esta determinación. Nosotros podemos estar satisfechos en nuestros trabajos, esforzándonos en la fidelidad, honrando a nuestros superiores, amando y alentando a nuestros compañeros. Cristo nos promoverá si Él lo elije y cuando Él lo elija.

## Expresar su fe

En el momento apropiado Daniel habló de su fe en Dios a quienes estaban a su alrededor. *"El rey se levantó… se acercó al foso y gritó a Daniel con voz angustiada, Daniel, servidor del Dios vivo, ¿ese Dios al sirves con tanta fidelidad ha sido capaz de librarte de los leones?"* (Daniel 6:20-21).

El Rey Darío no habría sabido nunca acerca del Dios vivo si Daniel no le hubiera comunicado su fe en los momentos apropiados mediante la conducta normal de su trabajo. El Rey Darío no habría sido influenciado tan poderosamente por la profesión de fe de Daniel si no hubiera observado cómo hacía su trabajo. Daniel cumplía sus responsabilidades con honestidad y fidelidad y al mismo tiempo honraba a aquellos quienes le rodeaban. Debido a esta demostración, unida a la liberación de los leones, Darío se convirtió en creyente: *"Este es el decreto que promulgo: en toda la extensión de mi reino, la gente temerá y respetará al Dios de Daniel. Él es el Dios vivo que permanece para siempre; su reino no será destruido y su imperio no tendrá fin"* (Daniel 6:27)

Daniel influyó en su patrón, una de las personas más poderosas en el mundo, para que creyera en el único Dios verdadero. Dios le dio esta misma oportunidad en su esfera de trabajo. Permítame decir esto de otra manera. Un trabajo bien hecho, le da a usted el derecho de decir a otros, con quienes trabaja, acerca de la realidad de Cristo. Al ver nuestro trabajo desde la perspectiva de Dios, la insatisfacción se convertirá en satisfacción de un trabajo bien hecho, y la labor será reemplazada por la emoción de la perspectiva de introducir a otros al Salvador.

### RETIRO

El diccionario define el retiro como "retirarse de una ocupación o negocio, renunciar o retirarse de una vida activa". La meta del retiro está arraigada profundamente en nuestra cultura. Mucha gente se retira en una edad arbitraria, predeterminada y cesa todo trabajo para perseguir una vida llena de diversión.

La Biblia no nos da ejemplos de gente que se retire. Sólo se encuentra una referencia en la Biblia en relación directa al retiro. En Números 8:24-26; la instrucción ahí dada aplica exclusivamente a los Levitas que trabajaban en el tabernáculo. En tanto uno sea física y mentalmente capaz, no existen bases en las Escrituras para "retirarse y ser improductivos". El concepto de poner a una persona mayor pero capaz "fuera de circulación" o "en el olvido", no es bíblico. La edad no es un obstáculo para terminar el trabajo que el Señor quiere que usted cumpla. Por ejemplo, Moisés tenía 80 años cuando inició su tarea de guiar a los hijos de Israel.

Las Escrituras indican que el tipo de trabajo y la intensidad del mismo pueden cambiar al envejecer—cambiar la velocidad a un paso menos demandante y llegar a la "vejez en puerta". Durante esta época de la vida nosotros podemos emplear activamente la experiencia y conocimiento adquiridos durante nuestra vida. Creo que este debería ser el tiempo más productivo y gratificante de la vida. Dios ha invertido años en pulirnos y frecuentemente tenemos más tiempo libre.

Olvide el retiro. ¡No deje escapar la oportunidad de ayudar a construir el reino de Dios!

## LLAMADO

Cada cristiano tiene un llamado o propósito específico. El Señor pretende que cumplamos con este llamado en nuestro trabajo. El Concilio Vaticano II señala que: "A través del trabajo, nosotros construimos no sólo nuestro mundo sino el Reino de Dios, presente ya entre nosotros. El trabajo es una asociación con Dios—nuestra acción en la colaboración divina y humana en la creación. Este ocupa un lugar central en nuestras vidas como Corresponsables Cristianos" (Corresponsabilidad: La Respuesta del Discípulo, USCCB, Apéndice 1,43).

En Efesios 2:10 se lee, *"Lo que somos es obra de Dios; hemos sido creados en Cristo Jesús con miras a las buenas obras que Dios dispuso de antemano para que nos ocupáramos de ellas"*. Estudie este pasaje cuidadosamente. *"Lo que somos es obra de Dios"*. Cada uno de nosotros ha sido creado de manera única, y nos han sido dadas exclusivas características y habilidades, físicas, emocionales y mentales. Probablemente usted ha escuchado la expresión, "¡Después que el Señor lo creó, tiró el molde! Pues es verdad. Usted está dotado de manera única. Nadie en toda la historia –pasada, presente o futura—es o será como usted.

El pasaje continúa, *"...hemos sido creados en Cristo Jesús con miras a las buenas obras que Dios dispuso de antemano para que nos ocupáramos de ellas"*. El Señor creó a cada uno de nosotros para un trabajo particular, y él nos dotó con las habilidades, aptitudes y deseos necesarios para cumplir este trabajo. Este llamado puede ser un servicio cristiano de tiempo completo o un trabajo parcial. Con frecuencia la gente se esfuerza por saber si Dios quiere que continúen en los negocios después que han comprometido su vida a Cristo. Muchas personas sienten que no están sirviendo al Señor en una manera significativa si permanecen en un trabajo secundario. Nada podría estar más alejado de la verdad. La clave para cada persona él/ella, es determinar el llamado de Dios en su vida.

## Las experiencias del pasado nos preparan para nuestro llamado.

Dios nos permite, libremente, experimentar circunstancias para prepararnos para nuestro llamado. Tal vez encuentre difícil de creer que Dios le estuvo moldeando a través de su familia, su educación, su trabajo y sus relaciones, especialmente si estas no fueron buenas influencias. No obstante, él estuvo preparándole aun en las experiencias más difíciles. Por ejemplo, tal vez el Señor use una situación dolorosa e indeseable, para dar a alguien la empatía y el deseo de servir a otros que se encuentren en una situación similar.

## Conocer nuestro llamado nos permite enfocarnos.

La mayoría de nosotros enfrentamos demasiadas situaciones para cumplir con muchas responsabilidades y muy poco tiempo para cumplirlas. Lo bueno puede llegar a ser enemigo de lo mejor. Después de que usted tiene una visión clara del llamado de Dios en su vida, será mucho más fácil evaluar las oportunidades y decir "no" a aquellas que podrían distraerle de lo que el Señor quiere que usted logre.

Tengo dos amigos cercanos. Uno de ellos tiene habilidades normales, sin embargo, debido a que él ha sido una persona enfocada, él ha tenido un impacto enorme. El otro es mucho más capaz, pero ha dispersado sus energías persiguiendo numerosos proyectos con éxito limitado. Conocer su llamado le ayuda a enfocarse y ser más productivo/a.

Alguien dijo: "¡Trabaje como si lo hiciera para el Señor…la paga no siempre es mucha, pero los beneficios del retiro son fuera de este mundo!" Esto es verdad y usted encontrará un beneficio adicional—la satisfacción aumentada por la realización de un trabajo hecho con la mejor de sus posibilidades.

## CONTRASTE

**La sociedad dice:** Trabaje tan poco como sea posible; porque el trabajo es desagradable; o trabaje tanto como sea posible porque su trabajo es lo más importante.

**Las Escrituras dicen:** Trabaje como si lo hiciera para el Señor, con la fidelidad como su estándar. Trabaje arduo, pero no trabaje en exceso.

## COMPROMISO

Evalúe piadosamente sus actitudes hacia el trabajo y el desempeño del mismo de acuerdo a lo que enseña la Biblia. Para ayudarle a descubrir algunas áreas que necesite cambiar, hágase usted mismo las siguientes preguntas:

1. ¿Trabajaría más conscientemente si Jesús fuera su jefe?

2. ¿Pensaría diferente si el presidente de una compañía petrolera que de un encargado de una gasolinera?

3. ¿Cómo es la relación con su empleador, empleados y compañeros de trabajo?

4. ¿Está tratando de hacer demasiado?

5. ¿Está desempeñándose en su trabajo a un nivel de excelencia?

6. ¿Es perezoso? ¿Trabaja arduamente?

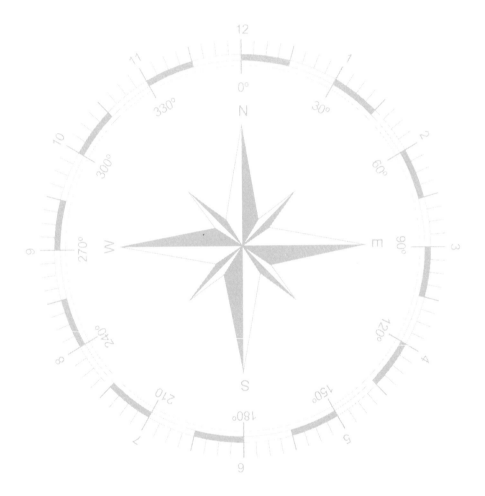

# ONCE

# INVERSIÓN

## *Lento pero seguro*

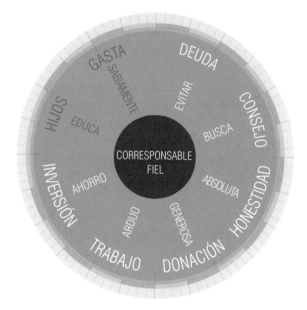

Un problema que deseaban discutir Alan y Jean era la poca habilidad para ahorrar. "Nosotros nunca hemos sido capaces de ahorrar con consistencia", admitió Jean abatida. "Estamos conscientes de que esto ha sido un error, y sufrimos por ello. Cada vez que el auto se descompone o algo más sucede, terminamos endeudándonos más porque no tenemos ahorros para pagar esos gastos inesperados. ¿Qué debemos hacer?".

Aln agregó, "y ¿cómo podemos empezar a invertir para ayudar a proveer para las necesidades futuras como la educación de nuestros hijos y nuestro retiro?".

Desafortunadamente, como los Hitchcock, la mayoría de la gente no ahorra con regularidad. De acuerdo a una fuente, en nuestra nación la persona promedio está a tres semanas de la bancarrota. Esto se debe a que tienen muy poco o nada de dinero ahorrado, y dependen totalmente del pago del siguiente cheque para llegar al fin de mes.

## AHORRAR—EL PRINCIPIO DE JOSÉ

La Biblia nos dice que es sabio ahorrar. *"El sabio tiene en su casa aceite y provisiones, el tonto sólo sabe gastarlas"* (Proverbios 21:20).

Las hormigas son elogiadas por su sabiduría debido a su instinto de ahorrar: *"Hay cuatro seres minúsculos en la tierra, pero que superan a todos los demás en sabiduría: las hormigas, son un pueblo insignificante, pero juntan sus provisiones en el verano"* (Proverbios 30:24-25). Ellas separan y guardan de la abundancia del verano para satisfacer una necesidad futura. El ahorro es lo opuesto a estar en deuda. El ahorro es hacer una provisión para mañana, mientras la deuda es suponer del mañana.

Otro ejemplo es José, quien ahorró durante siete años de abundancia para asegurar que hubiera suficiente alimento durante siete años de escasez. Yo llamo al ahorro el "Principio de José". Ahorrar significa abstenerse de un gasto hoy, para tener, de ese modo, algo para gastar en el futuro. Quizás esto sea por lo que la mayoría de la gente no ahorra nunca; se requiere el rechazo de algo que usted desea ahora, y nuestra cultura no es una cultura de negación. Cuando nosotros deseamos algo, lo queremos ahora.

## CÓMO AHORRAR

Cuando usted recibe un ingreso, en lo primero que usted invierte debe ser una donación para el Señor y la segunda inversión debe ir a sus ahorros. Una deducción automática del salario es una magnífica manera de ahorrar. Algunas personas ahorran la devolución de sus impuestos o sus bonos. Recuerde esto: si usted ahorra inmediatamente, usted ahorrará más.

La Biblia no da una referencia de la cantidad que debe ser ahorrada. Nosotros recomendamos ahorrar el diez por ciento de su ingreso. Esto tal vez no sea posible inicialmente. Pero inicie el hábito de ahorrar—aún si es sólo un dólar al mes.

### Ahorros a Largo-Plazo

Los ahorros a largo plazo proponen financiar necesidades a largo plazo y metas como un ingreso para el retiro y las herencias. Las cuentas para pensión y retiro caen en esta categoría. Excepto por extremas emergencias financieras, estos ahorros no deben usarse para ningún otro propósito.

### Ahorros a Corto-Plazo

Los ahorros a corto plazo deben ser accesibles libremente. Ellos pueden incluir cuentas con interés, fondos de inversión y así sucesivamente. Estos ahorros están diseñados para usarse en gastos futuros planificados, como adquirir o reemplazar artículos, tales como; electrodomésticos, autos o hacer reparaciones mayores en la casa. Los ahorros a corto plazo deben también separarse para emergencias como; una enfermedad, pérdida del trabajo u otra interrupción del ingreso. Los expertos financieros recomiendan establecer la meta de ahorrar el equivalente de tres a seis meses de su ingreso para este fondo de emergencia.

## INVERSIÓN

La gente pone algunos de sus ahorros en inversiones con la expectativa de recibir un ingreso o un crecimiento en su valor. El propósito y la intención de este libro no es recomendar ninguna inversión específica. Nuestro objetivo es simplemente atraer su atención a las Escrituras en el marco para la inversión.

### Sea Lento pero Seguro

*"Los proyectos del empeñoso acaban en ganancias; para el que se agita solo hay déficits"* (Proverbios 21:5). El significado original del hebreo para "lento pero seguro" representa a una persona llenando un barril grande, puñado a puñado. Poco a poco el barril es llenado hasta desbordarse.

El principio fundamental que usted necesita practicar para ser un inversionista exitoso es el de gastar menos de lo que gana. Después, ahorre e invierta la diferencia sobre un periodo largo.

Analice varias inversiones. Casi todas ellas se adaptan bien a la frase "lento pero seguro". La hipoteca de su casa es pagada después de años de pagos firmes. Una cartera de acciones se construye al agregarse mes a mes; y un negocio puede aumentar de manera estable en valor al ser desarrollarse su potencial a través de los años.

### Entender el interés compuesto

Albert Einstein dijo una vez, "La composición es el mayor descubrimiento matemático de todos los tiempos, no E=mc2". La composición ocurre cuando las ganancias producidas por sus inversiones son agregadas al principal, permitiendo a ambos, ganancias y principal, crecer exponencialmente. Hay tres variables en la composición: la cantidad que usted ahorra, la tasa de interés que usted gana sobre sus ahorros y el periodo que usted ahorra.

**1. La cantidad.** La cantidad que usted ahorra depende de sus ingresos y sus gastos. Nosotros esperamos que usted sea capaz de incrementar el monto disponible para ahorrar al aprender la manera de Dios para manejar el dinero.

**2. La tasa de interés.** La segunda variable es la tasa que usted gana sobre una inversión. La tabla siguiente demuestra cómo crece una inversión de $1,000 dólares al año en varias tasas de interés.

| Tasa de Interés | Año 5 | Año 10 | Año 20 | Año 30 | Año 40 |
|---|---|---|---|---|---|
| 6% | $5.975 | $13.972 | $38.993 | $83.802 | $164.048 |
| 8% | $6.336 | $15.645 | $49.423 | $122.346 | $279.781 |
| 10% | $6.716 | $17.531 | $63.003 | $180.943 | $486.851 |
| 12% | $7.115 | $19.655 | $80.699 | $270.293 | $859.142 |

Como usted puede ver, el aumento en la tasa de rendimiento tiene un impacto notable en la cantidad el monto acumulado. Un dos por ciento de incremento casi dobla la cantidad acumulada a 40 años. Pero como mayores rendimientos usualmente conllevan mayores riesgos, sea cuidadoso de no lanzarse por rendimientos irreales.

**3. El tiempo.** El tiempo es el tercer factor. La gráfica siguiente le ayudará a visualizar los beneficios del interés compuesto. Si una persona ahorra $2.74 diariamente—$1.000 al año—y obtiene una tasa del 10%, después de cuarenta años los ahorros crecerán a $526.985 y estará ganando $4.392 cada mes. Sin embargo, si la persona espera un año para iniciar, esto es sin ahorrar por 39 años, el resultado no será $1.000 menos ¡sino $50.899 menos! El interés compuesto es su amigo, y lo más pronto que empiece a trabajar para usted será mejor. ¡Empiece a ahorrar e invertir ahora!

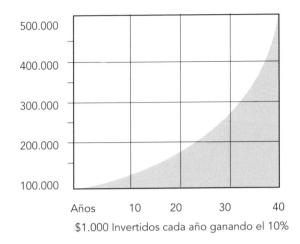

Años    10    20    30    40

$1.000 Invertidos cada año ganando el 10%

## Evite Inversiones Riesgosas

*"Hay otra mala suerte que vi (Salomón) bajo el sol: la riqueza que uno guardó para su propia desgracia. Perdió esa riqueza en un mal negocio, tiene un hijo y no tiene qué dejarle. Desnudo sale el hombre del vientre de su madre, y desnudo volverá tal como vino. Nada podrá llevarse de todas las obras que realizaron sus manos"* (Eclesiastés 5:13-15).

La Biblia nos advierte que debemos evitar inversiones riesgosas. No obstante, cada año miles de personas pierden dinero en inversiones altamente especulativas y algunas veces fraudulentas. ¿Cuántas veces ha escuchado usted de personas que pierden los ahorros de toda la vida en un esquema de enriquecimiento rápido? Tristemente, parece ser que los cristianos son particularmente vulnerables a tales esquemas porque ellos confían en la gente que aparenta vivir con los mismos valores que ellos tienen. Hay tres características comunes asociadas con las inversiones riesgosas:

- La proyección de una enorme ganancia es "prácticamente garantizada".

- La decisión de invertir debe hacerse rápidamente. No habrá oportunidad de investigar a fondo la inversión o al promotor que vende la inversión. El promotor frecuentemente le hará un "favor" al permitirle invertir.

* Se dirá muy poco acerca de los riesgos de perder dinero, y la inversión usualmente no requerirá esfuerzo de su parte.

* Sea paciente cuando invierta. Nunca he sabido de alguien que haya hecho dinero en un santiamén. La diligencia, el estudio y el consejo son prerrequisitos para que sus oportunidades de inversiones sean exitosas y sin riesgos.

## Diversifique

*"Compártelo con los asociados, ocho más bien que siete; pues no sabes qué desgracia puede azotar al país"* (Eclesiastés 11:2). No hay inversión sin riesgo. Las Escrituras no recomiendan ningunas inversiones específicas. En cualquier inversión puede perder dinero.

El gobierno puede hacer el oro ilegal. Los bienes raíces pueden sufrir deflación o causarle a usted el cobro de un gravamen. Puede haber una inflación hasta que el dinero no valga nada.

La inversión perfecta no existe. Nosotros necesitamos diversificar. Considere los pasos siguientes al diversificar. Recomiendo no omitir ninguno de los pasos. Comience por el paso uno y vaya paso por paso.

**Paso 1:** Ahorre los gastos de un mes y asegure un seguro de protección.

**Paso 2:** Ahorre el gasto de tres a seis meses; ahorre para compras mayores; desarrolle sus habilidades de negocios y vocacionales.

Uno de los principios de inversión que se mencionan en las escrituras es el de invertir en un educación o negocio que sea productivo. Luego, recomienda construir un hogar.: *"Comienza por tu trabajo de afuera, preocúpate de tus campos; después de eso podrás agrandar tu casa"* (Proverbios 24:27). En la actualidad, mucha gente invierte este orden. Una gran casa, comprada demasiado temprano en la vida, requiere tanto dinero que dificulta seriamente la inversión en el negocio o la vocación.

**Paso 3:** Compre una casa; invierta conservadoramente para lograr sus metas a largo plazo.

**Paso 4:** Haga otras inversiones.

George Fooshee habla acerca de tales inversiones en su excelente libro, *You Can Be Financially Free (Usted Puede Ser Libre Económicamente)*.

Otras inversiones pueden ser casi tan variadas como la imaginación. Bienes raíces, petróleo, acciones, bonos, antigüedades, monedas y cualquier cosa que la gente coleccione puede ser considerado como inversión. Algunas de estas como las acciones, los bonos y los bienes raíces pagan un rendimiento. Otras son mantenidas con la expectativa de que aumentarán su valor al paso del tiempo.

> *El sabio tiene en su casa aceite y provisiones, el tonto sólo sabe gastarlas.*
>
> Proverbios 21:20

Sus inversiones más allá del seguro de vida, vocación y casa deben estar acordes a sus propios intereses y personalidad. Si usted creció en una granja y tiene conocimiento de los productos de la agricultura y disfruta estar bien informado de la situación granjera, entonces, tal vez usted persiga un interés permanente en inversiones relacionadas a la agricultura. Esto podría incluir cualquier inversión material desde adquirir tierras hasta comprar acciones de compañías orientadas principalmente a la agricultura.

## Tome en cuenta el costo

Con cada inversión hay costos: costos financieros, compromisos de tiempo y esfuerzos requeridos. Algunas veces las inversiones pueden traer estrés emocional. Por ejemplo, la compra de una casa para rentar, requerirá tiempo y esfuerzo para rentarla y mantenerla. Si el inquilino es irresponsable, usted tendrá que tratar de cobrar la renta a alguien que no quiere pagar. ¡Hablando de emociones deslumbrantes! Antes de decidir sobre cualquier inversión, considere cuidadosamente todos los costos.

Ahora moveremos nuestra atención a viarios asuntos que son importantes para entender la perspectiva de Dios: equilibrar los ahorros con la donación, metas de inversión, juegos de dinero y dejar una herencia.

## DAR, AHORRAR E INVERTIR

De acuerdo a las Escrituras, es permitido ahorrar e invertir solamente cuando nosotros estamos también dando. Jesús dijo una parábola que ilustra el peligro de ahorrar sin haber dado.

*"Había un hombre rico al que sus campos le habían producido mucho. Pensaba, ¿qué voy a hacer? No tengo dónde guardar mis cosechas. Y se dijo: haré lo siguiente; echaré abajo mis graneros y construiré otros más grandes; allí amontonaré todo mi trigo, todas mis reservas. Entonces yo, conmigo hablaré: alma mía, tienes guardadas aquí muchas cosas para muchos años; descansa, come, bebe, pásalo bien. Pero Dios le dijo: ¡pobre loco! Esta misma noche te van a reclamar tu alma. ¿Quién se quedará con lo que has preparado? Esto vale para toda persona que amontona para sí misma en vez de acumular para Dios…Porque donde está tu tesoro allí estará también tu corazón"* (Lucas 12:16-21,34).

La palabra clave en esta parábola es "todo". Jesús llamó tonto al hombre rico porque guardó todos sus bienes, disponiéndolos para su propio uso. Él no equilibró lo que guardó, dando de manera generosa. Es apropiado ahorrar e invertir sólo cuando nosotros estamos dando al Señor. ¿Por qué? *"Pues donde está tu tesoro, allí estará también tu corazón"* (Mateo 6:21).

Si nos concentramos exclusivamente en ahorrar e invertir, nuestro enfoque y afecto se quedarán ahí. Nosotros estaremos apegados inexorablemente a estas posesiones. Pero si equilibramos nuestros ahorros e inversiones dando generosamente al Señor, nosotros aún podemos amar primero a Cristo con todo nuestro corazón.

## METAS DE INVERSIÓN

Antes de que desarrolle su estrategia individual de inversión, usted debe establecer metas de inversión. Hay tres metas aceptables para invertir.

### Proveer por su familia.

Vea 1 Timoteo 5:8: *"Quien no se preocupa de los suyos, especialmente de los de su casa, ha renegado de la fe y es peor que el que no cree"*. Este principio se extiende para proveer de sus necesidades en la vejez y dejar una herencia a sus hijos.

### Ser económicamente libre para servir al Señor.

Un objetivo del ahorro es disminuir nuestra dependencia de un salario para satisfacer nuestras necesidades. Esto nos permite la libertad de ofrecer voluntariamente más tiempo para el ministerio, quedebe ser lo que Dios desea de nosotros. Entre más produzcan mis ahorros, menos dependeré del ingreso de mi trabajo. Algunas personas han ahorrado lo suficiente para tener un día libre cada semana, y otras están en una posición de ser voluntarios a tiempo completo sin necesidad de ganar un salario.

**Maneje sus negocios.**

Es adecuado ahorrar e invertir para acumular el capital suficiente para manejar un negocio sin acudir a la deuda. El monto del capital puede variar sustancialmente, dependiendo de las exigencias de cada negocio.

**Establecer un monto máximo.**

Cuando un corredor de velocidad rompe la cinta al final de la línea, él para de correr. Pero mucha gente continúa acumulando más y más, aun cuando ellos han alcanzado metas de ahorros aceptables. Creo que cada uno de nosotros debe establecer el monto máximo que acumularemos, y cuando hayamos "terminado la carrera," debemos dar la porción de nuestro ingreso que estábamos ahorrando. Esta "línea final" en acumular nos protege contra los peligros del acaparamiento.

## METAS DE INVERSIÓN INACEPTABLES

De acuerdo a 1 Timoteo 6:9-11 una meta de inversión, el deseo de ser rico/a está estrictamente prohibido; 1 Timoteo 6:9 declara: *"Los que quieren ser ricos caen en tentaciones y trampas; un montón de ambiciones locas y dañinas los hunden en la ruina hasta perderlos"*. Estudie esto cuidadosamente. Todos los que quieren ser ricos, *"caen en tentaciones y trampas; un montón de ambiciones locas y dañinas los hunden en la ruina hasta perderlos"*.

La mayor parte de mi vida yo quise ser rico—no sólo un poco rico; ¡asquerosamente rico! Por tanto, confrontar la prohibición bíblica contra esta actitud ha sido doloroso. Algunas veces, aún ahora vacilo entre querer ser rico y querer ser un corresponsable fiel. Cuando quiero ser rico, yo estoy centrado en mí mismo. Mis motivos para querer ser rico pueden variar—orgullo, avaricia, o una compulsión enfermiza de prepararme para sobrevivir en un futuro económico incierto. Pero, cuando me enfoco en ser un corresponsable fiel, estoy centrado en Cristo en mis pensamientos y actitudes. Mis acciones están motivadas entonces por un corazón puro. Estoy sirviendo a Cristo y creciendo más cerca de Él.

La prohibición contra querer ser rico en 1 Timoteo 6:9 es seguida por este pasaje: *"Debes saber que la raíz de todos los males es el amor al dinero"* (1 Timoteo 6:10). En otras palabras, cuando nosotros queremos ser ricos/as, las Escrituras nos dicen que nosotros amamos el dinero.

Mateo 6:24 dice: *"Nadie puede servir a dos patrones: necesariamente odiará a uno y amará al otro, o bien cuidará al primero y despreciará al otro. Ustedes no pueden servir al mismo tiempo a Dios y al dinero"*. Piense acerca de esto cuidadosamente. Cuando nosotros queremos ser ricos/as estamos realmente amando al dinero y odiando a Dios. Estamos cuidando el dinero y despreciando a Dios. Estamos sirviendo al dinero y, por lo tanto, no servimos al Dios vivo. El final de, 1 Timoteo 6:10, nos dice: *"Algunos, arrastrados por él, se extraviaron lejos de la fe y se han torturado a sí mismos con un sinnúmero de tormentos"*.

"El pecado provoca a la gente a entregarse a sí misma; a ser avariciosa y explotadora hacia las posesiones y hacia otra gente; a crecer acostumbrada a conducir sus relaciones no por estándares de corresponsabilidad generosa, sino por el cálculo del propio interés: ¿qué hay para mí en esto? Constantemente, los cristianos deben rogar a Dios por la gracia de la conversión: la gracia de saber quiénes son, a quién pertenecen, cómo deben vivir—la gracia de arrepentirse y cambiar, y crecer, la gracia de ser buenos discípulos y corresponsables" (Corresponsabilidad: La Respuesta del Discípulo, USCCB, 28).

He sido testigo de primera mano de la verdad de este escrito. Admiro profundamente al hombre que me guió a Cristo, pero él fue consumido por el deseo de ser rico. Se divorció de su esposa y abandonó a sus cuatro hijos pequeños. Finalmente, renunció a Cristo y se alejó de la fe. Querer ser rico, amar sólo el dinero, es una condición espiritual devastadora.

Espero explicarme claramente. No estoy diciendo que ser rico sea una falta. De hecho, gozo al ver que Dios permite soberanamente a un hombre o a una mujer prosperar. No hay ninguna falta en ser rico si esto es producto de ser un corresponsable fiel.

### Apártese y sométase

Podemos superar la tentación de ser ricos cuando nos apartarnos y sometenos. En 1 Timoteo 6:10 Pablo aconseja a Timoteo, *"algunos, arrastrados por él, se extraviaron lejos de la fe y se han torturado a sí mismos con un sinnúmero de tormentos"*. Cuando usted es consciente de su deseo de ser rico, usted debe escapar (apartarse) de esta tentación y reemplazarla con la búsqueda de la santidad.

Después, sométase. El camino final para escapar se encuentra en someterse a Jesús como el Señor. Nosotros podemos hacer esto en perfecta confianza porque Jesús supera la enorme tentación de ser ricos. Después de que Jesús ayunó 40 días en el desierto, el diablo lo tentó tres veces. La última tentación es representada en Lucas 4:5-7: *"Lo llevó después el diablo a un lugar más alto, le mostró en un instante todas las naciones del mundo. Te daré poder sobre estos pueblos y sus riquezas serán tuyas…si te arrodillas y me adoras, todo será tuyo"*. ¿Puede usted imaginar la tentación increíble que esto representaba?

Cuando estuve en el desarrollo del negocio de bienes raíces y descubrí una excelente propiedad, casi inmediatamente empecé a desearla y gozar de la posibilidad de ser rico. A Jesús le fueron mostrados todos los reinos del mundo en un momento. Pero como él se había sometido completamente al Padre y fortalecido por el mismo Espíritu Santo, quien vive en nosotros, él fue capaz de resistir esa tentación.

Nuestro Padre celestial finalmente nunca hará gozar de

prosperidad a sus hijos cuando son motivados por ser ricos. Querer ser ricos y amar el dinero son codicias estrechamente paralela. Y *"el amor al dinero, que es una manera de servir a los ídolos"* (Colosenses 3:5). El Padre cuida celosamente de sus hijos para asegurarse de que nosotros no nos apartaremos de amarle con todo nuestro corazón.

## JUEGO Y LOTERÍAS

Las loterías sancionadas por el gobierno y todo tipo de juego se extienden en nuestra nación. Un estudio reciente reportó que el miembro promedio de la iglesia da $20 dólares al año para las misiones en el extranjero, mientras que la persona promedio juega ¡$1.174 al año! Tristemente, hay cientos de miles de jugadores compulsivos que reducen regularmente el ingreso de su familia. Sus historias son dolorosas. La Biblia no prohíbe el juego específicamente; sin embargo, muchos de quienes juegan lo hacen en un intento por hacerse ricos rápidamente. Esto es una violación a las Escrituras.

Como hombre y/o mujer que sirven a un Dios santo, nosotros somos llamados a ser la sal y la luz para un mundo perdido. Yo creo firmemente que necesitamos hacer el compromiso de no participar nunca en un juego o loterías, ni por entretenimiento. No debemos exponernos al riesgo de ser jugadores compulsivos, ni debemos apoyar una industria que esclaviza a tantos.

## HERENCIA

Los padres deben tratar de dejar una herencia material a sus hijos. *"Los buenos dejan a sus hijos y nietos su herencia"* (Proverbios 13:22). La herencia no debe ser entregada hasta que el hijo ha sido entrenado cuidadosamente para ser un corresponsable sabio. *"Fortuna adquirida en pocos días no prosperará después"* (Proverbios 20:21).

En mi opinión usted debe prever que la herencia sea distribuida durante varios años o cuando el heredero sea lo suficientemente maduro para manejar la responsabilidad del dinero. Elija a aquellos en quienes usted confíe para supervisar al joven hasta que él/ella sea un corresponsable capaz. *"…Mientras el hijo del dueño de casa es aún niño, no tiene ninguna ventaja sobre los esclavos, a pesar de que es dueño de todos ellos. Está sometido a quienes lo cuidan o se encargan de sus asuntos hasta la fecha fijada por su padre"* (Gálatas 4:1-2).

Usted debe proveer una herencia para sus hijos. Sin embargo, probablemente no sea sabio dejar a sus hijos con una gran riqueza si ellos no han sido cuidadosamente instruidos en la perspectiva bíblica del dinero y de cómo manejarlo apropiadamente. Andrew Carnegie dijo una vez: "El todopoderoso dinero dejado a un hijo es una maldición todopoderosa. Nadie tiene el derecho de poner en desventaja a sus hijos con tal carga como lo es una gran riqueza. Debe enfrentar esta pregunta francamente: ¿Estará mi fortuna a salvo con mi hijo, y estará mi hijo a salvo con mi fortuna?"

**Testamentos**

La mayoría de la gente que muere no tiene un testamento actualizado. Morir sin un testamento es costoso y toma tiempo prepararlo, puede ser doloroso para sus seres queridos. Esto puede destruir literalmente un patrimonio dejado para proveer a la familia.

La Biblia nos enseña que nosotros llegamos sin nada a este mundo y no nos llevaremos nada al morir, pero podemos dejarlo atrás precisamente como nosotros lo deseamos. Nosotros podemos especificar a quién y cuánto. Si usted muere sin un testamento, esas decisiones son dejadas a una corte. Bajo algunas circunstancias, si usted no estableció un testamento, la corte puede citar un custodio (quien tal vez no conozca al Señor) para criar a sus hijos y manejar sus riquezas.

Bien sea que usted sea casado o soltero, rico o pobre, usted debe tener un testamento. No solo aclara algunas dudas legales, también le ayuda a proyectar sus finanzas mientras vive y así usted puede proteger los mejores intereses de sus herederos.

Cerca de 36 personas de cada 100 mueren antes de la edad de su retiro. Así que no posponga la preparación de su testamento sólo porque usted es joven. ¡Hágalo ahora! Como dijo Isaías a Ezequías, *"...esto dice Yahvé: arregla las cosas de tu familia porque vas a morir. No te sanarás"* (2 Reyes 20:1). Algún día, usted morirá. Uno de los más grandes regalos que usted puede dejar para su familia en ese momento emocional, será un patrimonio organizado y un testamento preparado apropiadamente o un fideicomiso revocable. Si usted no tiene un testamento actualizado o un fideicomiso, por favor haga una cita con un abogado para preparar su testamento.

## CONTRASTE

**La sociedad dice:** Gaste todo lo que gane. En todo caso, si debe ahorrar, ponga su confianza en los bienes que ha acumulado.

**Las Escrituras dicen:** *"El sabio tiene en su casa aceite y provisiones, el tonto sólo sabe gastarlas".*(Proverbios 21:20).

## COMPROMISO

1. Establezca un patrón de ahorros. Comience con su próximo sueldo.

2. Haga una cita con un abogado esta semana para hacer su testamento.

## DOCE

# UNA INVERSIÓN GARANTIZADA

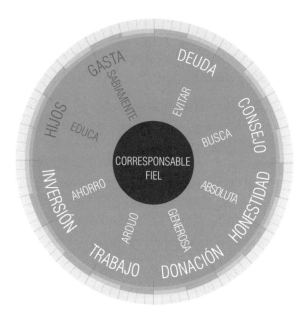

Yo tenía 28 años cuando me topé con la única inversión totalmente garantizada que existe. Comencé a asistir a un desayuno semanalmente con varios hombres jóvenes de negocios, estaba impresionado, porque ellos eran astutos y energéticos. Pero más que esto, estaba atraído a la calidad de sus vidas.

En ese tiempo yo era dueño, con otros socios, de un exitoso restaurante. Estaba casado con mi maravillosa esposa Bev, y vivía en una cómoda casa. Yo tenía todo lo que pensaba que me daría la felicidad y un sentido de logro, pero no sentía ni lo uno ni lo otro. Algo me faltaba. Yo estaba sorprendido por escuchar la manera en la que estos hombres hablaban abiertamente de su fe en Dios. Yo había asistido a la iglesia regularmente durante mi vida. Pero, nunca escuché que era posible tener una relación personal con Jesucristo.

Un amigo describió cómo podía entrar en esta relación con el Señor. Compartió varias verdades bíblicas que yo no entendía anteriormente.

Los católicos somos expuestos a la gracia de Dios, primero a través del Sacramento del Bautismo, seguido de los Sacramentos de la Reconciliación, la Primera Comunión y la Confirmación. A través de los años, la Misa y la participación en los sacramentos son parte normal de la vida.

Pero, ¿hemos desarrollado realmente una relación personal con Jesucristo asistiendo a Misa y recibiendo los sacramentos? Conocer a Cristo e ir a la iglesia no es lo mismo. En su libro "Redescubriendo el Catolicismo" Matthew Kelly escribe "Como católicos modernos, muchos de nosotros parecemos contentos al asistir a Misa el domingo y enviar a nuestros hijos a escuelas católicas, y veneramos a los dioses del materialismo y el secularismo las otras 167 horas de la semana".

Parte de la misión de la Iglesia es ayudarnos a conocer más de Jesús como persona de la historia y maestro, hasta conocer personalmente al Señor resucitado como Salvador. "La conversión significa aceptar, por decisión personal, la soberanía salvadora de Cristo y ser su discípulo" (Papa Juan Pablo II, La Misión del Redentor).

Una parte de ser un discípulo es reconocer que todos somos pecadores y que nuestros pecados pueden apartarnos de Dios.

*"Pues todos pecaron y están faltos de la gloria de Dios"* (Romanos 3:23). Y a causa de nuestros pecados, Jesús murió en la cruz: *"Pero Dios dejó constancia del amor que nos tiene; Cristo murió por nosotros cuando todavía éramos pecadores"* (Romanos 5:8).

En Juan 14:6 nosotros aprendemos de Jesús, *"Yo soy el Camino, la Verdad y la Vida. Nadie va al Padre sino por mí"*. La vida en la tierra es nuestra preparación para la eternidad con nuestro Padre, y si la única manera de ir al Padre es a través de Jesús – una relación personal cercana con Jesús es primordial.

Para construir y desarrollar nuestra relación con Jesús, nosotros debemos estar conscientes de que Dios nos ama inmensamente; *"¡Así amó Dios al mundo! Le dio al Hijo Único, para que quien cree en él no se pierda, sino que tenga vida eterna. Dios no envió al Hijo al mundo para condenar al mundo, sino para que se salve el mundo gracias a él"* (Juan 3:16-17).

Nuestra salvación es el don de Dios para nosotros; cómo vivimos nosotros nuestra vida es nuestro regalo para Dios. *"Ustedes han sido salvados por la fe, y lo han sido por gracia. Esto no vino de ustedes, sino que es un don de Dios; tampoco lo merecieron por sus obras, de manera que nadie tiene por qué sentirse orgulloso"* (Efesios 2:8-9). "La conversión a Cristo implica hacer un compromiso genuino con él, y una decisión personal de seguirlo como su discípulo" (Directorio Nacional de Catequesis, p48).

El plan de Jesucristo para nuestras vidas es mucho mejor que cualquiera que pudiéramos imaginar para nosotros mismos por su maravilloso amor por nosotros. Él nos conoce mejor de lo que imaginamos y debido a que nos conoce muy bien, podemos ser verdaderamente felices, libres, satisfechos y estar en paz siguiendo su voluntad para nuestras vidas. *"El ladrón sólo viene a robar, matar y destruir, mientras que yo he venido para que tengan vida y la tengan en plenitud"* (Juan 10:10).

Para tener una vida en su plenitud, cada uno de nosotros

necesita tomar la decisión de tener una relación personal con Jesucristo. Cuando nosotros podamos decir "sí" a conocer a Cristo personalmente y después pongamos nuestras vidas a su disposición disfrutaremos la paz en este mundo y en el mundo por venir.

### Crecer en su relación personal con Jesucristo.

"La Liturgia de la Palabra nos ayuda a conocer mejor a Jesucristo. No solamente a saber más de él, sino a conocerlo a él. La noticia verdaderamente buena, es que Jesús quiere que usted lo conozca mejor y cultive su amistad con él. Él le habla a través de la Liturgia de la Palabra" (Padre David Scotchie, "Jesús quiere que usted lo conozca mejor," artículo de enero 14-27 de 2011 en, The Florida Catholic).

Nuestra participación en los Sacramentos (especialmente en la Eucaristía) nos ayuda también a desarrollar una relación más cercana con Cristo. Él nos invita a unirnos a él en su Sacrificio del Calvario y a llevar su palabra en nuestras acciones cada día. En cada Misa se nos recuerda que Jesús nos pide la forma más elevada de devoción – para imitarle y ser *"luz para el mundo"* (Mateo 5:16).

De igual forma, nosotros podemos conocer mejor a Cristo cuando oramos diariamente, leemos la Biblia con regularidad y participamos en comunidad con otros en pequeños grupos de estudio tales como *Dirigiendo sus Finanzas a la Manera de Dios.*

### Dios le ama y quiere que lo conozca.

Dios creó a la gente a su propia imagen, y desea una relación cercana con cada uno de nosotros. Mi amigo dirigió mi atención a dos pasajes: *"¡Así amó Dios al mundo! Le dio al Hijo Único para que quién cree en él no se pierda, sino que tenga vida eterna"* (Juan 3:16). *"...mientras que yo (Jesús) he venido para que tengan vida y la tengan en plenitud".* (Juan 10:10).

Cuando Mateo, mi hijo, estaba en primer grado, desarrolló un deseo ardiente por ganar la carrera de las 100-yardas planas el día de los eventos deportivos de la escuela. Esto era de lo único que habló durante dos meses. Pero había un problema: su compañero Bobby Dick era más rápido que Mateo.

El día de los eventos finalmente llegó. Ellos corrieron primero las 50-yardas, y Bobby fácilmente derrotó a Mateo. Nunca olvidaré cuando Mateo vino a mí con lágrimas en sus ojos, implorando, "papi, por favor ora por mí en la competencia de las 100-yardas. Yo tengo que ganar". Asentí con la cabeza mientras sentía una punzada en mi corazón.

Con el disparo de salida, Mateo tuvo un comienzo rápido. A mitad de la carrera él se impulsó alejándose del resto de sus compañeros y ganó. ¡Yo perdí el control de mí mismo! Brincaba y gritaba. Yo nunca había experimentado tal euforia. Entonces se pensé, cuánto amo yo a mi hijo. Aunque amo a otras personas, no las amo lo suficiente para ofrecer a mi hijo para que muera por ellas. Cuánto le amó Dios Padre. Él dio a su Hijo Único, Jesucristo, para morir por usted.

## CONTRASTE

**La sociedad dice:** Dios es irrelevante.

**Las Escrituras dicen:** Dios es esencial.

## COMPROMISO

Fortalezca su relación con Jesucristo asistiendo a Misa regularmente.

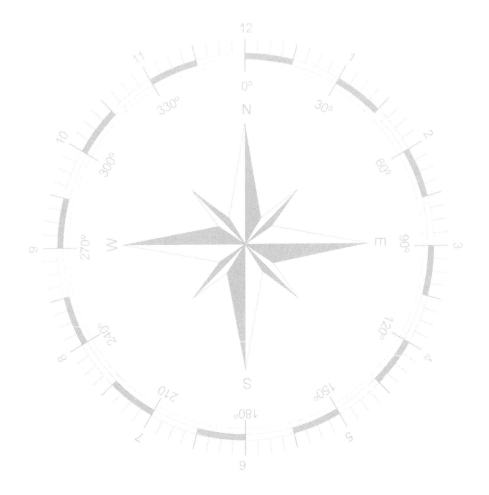

# TRECE
# LOS HIJOS

## *El abc del dinero*

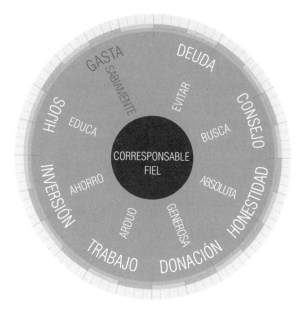

Enseñarle a los hijos a manejar el dinero es trabajo de los padres no de los maestros. Es en el mundo exterior donde se viven experiencias de cómo gastar, no en el salón de clases.

Mi esposa Bev y yo, nos reunimos con la familia Hitchcock en el parque para un día de campo. Al ver a nuestros hijos jugar, Jean compartió una preocupación. "Alan y yo no fuimos adiestrados por nuestros padres para manejar el dinero responsablemente, y temo que nosotros no estemos haciendo un trabajo mejor. Nuestros hijos no comprenden el valor del dinero. ¿Qué debemos hacer?"

Esta es una pregunta que todos los padres necesitan responder.

En 1904, el país de Gales experimentó un renacimiento notable. Miles de personas se convirtieron al Cristianismo y los resultados fueron dramáticos. Los bares cerraron por falta de clientes. La policía cambio sus armas por guantes blancos debido a que el crimen desapareció. Los caballos no entendían a sus cocheros pues estos ya no les hablaban con malas palabras. Y Gales envió misioneros a todo el mundo.

Para inicios de 1970, las cosas habían cambiado en Gales drásticamente. Menos de la mitad del uno por ciento de los galeses asistían a la iglesia. Los divorcios estaban al nivel más alto de todos los tiempos, y la tasa del crimen aumentaba rápidamente. Muchas iglesias habían cerrado y habían sido convertidas en bares; y el rugby había reemplazado al Cristianismo como religión nacional.

La historia lo que nos enseña es que cada generación es responsable de transmitir la fe a la siguiente generación. En Gales, a pesar de la enorme vitalidad espiritual, el impacto que tenía el Cristianismo desapareció en 70 años. Los padres fallaron al transmitir su fe a sus hijos.

"Los padres de familia, por ejemplo, tienen un trabajo muy importante que realizar en la iglesia doméstica, el hogar. Dentro de la familia, deben enseñar a sus hijos las verdades de la fe y orar con ellos; compartir con ellos los valores cristiano ante las presiones de actuar según los valores hostiles de una sociedad secularizada; e iniciarlos en la práctica de la corresponsabilidad en todas sus dimensiones, para contrarrestar el individualismo y el consumismo ampliamente difundidos. Esto requerirá probablemente que se ajusten los patrones familiares de consume y estilo de vida, incluyendo el uso de la televisión y otros medios que a veces predican valores que están en conflicto on el pensamiento de Cristo. Por encima de todo, requerirá que los padres sean a su vez modelos de corresponsabilidad, especialmente en su entrega generosa del uno al otro, a sus hijos, y a las necesidades de su iglesia y su comunidad". (La Corresponsabilidad: Respuesta de los Discípulos, USCCB, 32).

Responda esta pregunta: cuando salió usted de su casa, ¿qué tan bien preparado estaba para tomar decisiones financieras? Los padres y maestros invirtieron de 18 a 22 años en preparar a los jóvenes para las ocupaciones, pero generalmente muy pocas horas en enseñar a sus hijos el valor y uso del dinero que ellos ganarán a través de sus profesiones.

Los padres deben ser MVP. MVP es un acrónimo que describe los tres métodos para enseñar a los hijos la manera de Dios de manejar el dinero. El modelo MVP consiste en enseñar a través del **M**odelo, la comunicación **V**erbal, y las oportunidades **P**rácticas. Los tres son necesarios para enseñar a sus hijos. Veamos cada uno de ellos.

### Modelo o ejemplo

Debido a que los niños se empapan de las actitudes paternas hacia el dinero como una esponja absorbe el agua, los padres deben ser modelo al manejar el dinero inteligentemente. Pablo reconoce la importancia del ejemplo cuando dice, *"Sigan mi ejemplo, como yo sigo el de Cristo"* (1 Corintios 11:1). El Señor usó esta estrategia. Él envió al modelo perfecto, Jesucristo, para mostrarnos cómo debemos vivir.

El pasaje de Lucas 6:40 es desafiante. Nos dice, *"El discípulo no está por encima de su maestro, pero si se deja formar, se parecerá a su maestro"*. Dicho de otra manera es que nosotros podemos enseñar lo que creemos, pero sólo reproducir lo que somos. No hay sustituto para el buen ejemplo de los padres.

### Comunicación Verbal

Los padres necesitan decir a sus hijos por qué ellos manejan el dinero de la manera en la que lo hacen. El Señor mandó a los israelitas: *"Graba en tu corazón los mandamientos que yo te entrego hoy, repíteselos a tus hijos, habla de ellos tanto en casa como cuando estés de viaje, cuando te acuestes y cuando te levantes"* (Deuteronomio 6:6-7). Nosotros debemos instruir verbalmente a nuestros hijos en las maneras del Señor, pero los hijos necesitan más que instrucción verbal; necesitan también la experiencia práctica.

## Experiencias Prácticas

Los hijos necesitan que se les dé oportunidad de aplicar lo que han visto y escuchado. Hay experiencias de aprendizaje que benefician al niño en el área de administrar el dinero (el arte de gastar sabiamente) y de hacer el dinero (el valor del trabajo).

## EXPERIENCIAS DE APRENDIZAJE EN LA "ADMINISTRACIÓN DEL DINERO"

Tan pronto como los hijos están listos para ir a la escuela, ellos deben empezar a recibir un ingreso para administrarlo. Los padres necesitan decidir si los hijos deben ganar un ingreso o si ellos desean darles una mesada por los quehaceres que realicen en el hogar.

El total del ingreso variará de acuerdo a factores como la edad y habilidad de los hijos para ganarlo. No obstante, el total no es tan importante como la responsabilidad de manejar el dinero. Al principio, esta es una nueva experiencia, y el niño tendrá muchos errores. No dude en dejar que "la ley de las consecuencias naturales" siga su curso. Usted estará tentado a ayudar al pequeño Juan cuando gaste todo su ingreso el primer día en una compra imprudente. A usted no le gustará el hecho de que él tenga que vivir el resto de la semana sin todas las otras cosas que quiere y tal vez necesite. No lo refuerce. Sus errores serán su mejor maestro.

Los padres deben establecer límites y ofrecer consejos de cómo gastar el dinero, pero su hijo debe tener la libertad de elegir.

Las restricciones excesivas sólo reducirán las oportunidades de aprender por la experiencia. Las primeras monedas recibidas dejarán una impresión inolvidable. Cada sábado por la mañana, yo acostumbraba ir en bicicleta a la tienda con mi hijo Mateo, a comprarle un paquete de sus chicles favoritos. A pesar de mi persistente consejo, el paquete completo era consumido el primer día.

Cuando Mateo empezó a recibir ingreso, decidimos que él debería comprar sus propios chicles. Yo nunca olvidaré la mirada dolorosa en su rostro cuando salió de la tienda con su primera compra. "Papi, estos chicles me costaron todo mi dinero,", dijo. El paquete estuvo racionado con mucho cuidado y duró más de una semana.

Los padres deben aumentar lentamente el ingreso a medida que el niño demuestre patrones de gasto inteligente.

**Presupuesto**

Cuando sus hijos empiecen a recibir un ingreso, enséñeles como presupuestarlo. Inicie con un sistema sencillo que consiste en tres frascos, cada uno etiquetado por categoría—Dar, Ahorrar, y Gastar. El niño distribuirá una porción de su ingreso dentro de cada frasco. De este modo, se establece un sencillo presupuesto usando un control visual. Cuando el frasco está vacío, no hay dinero para gastar. Aun un niño de seis años puede entender este método.

Cuando los niños tienen 12 años, ellos son lo suficientemente maduros para exponerlos al presupuesto familiar. Ellos entenderán que están creciendo, porque pueden participar en los planes para gastar el ingreso familiar. Ellos tomarán consciencia de que cada miembro de la familia tiene la responsabilidad de gastar sabiamente, sin tener en cuenta quien provee el ingreso. Como niños maduros, ellos deben participar en cada aspecto del presupuesto de la familia. Esto les ayudará a darse cuenta del alcance y de las limitaciones del ingreso de la familia así como de las maneras de estirar el dinero para satisfacer las necesidades de la familia.

Al principio el niño tal vez piense que la familia tiene mucho dinero y que es imposible gastarlo todo. Para ayudarle a visualizar el presupuesto, convierta el ingreso familiar en un paquete de billetes de un dólar. Póngalos sobre una mesa y divida la pila del "ingreso" en varias pilas de "gastos" representando las categorías de cada uno de los gastos. Con frecuencia es difícil para los niños captar los números por su origen abstracto. Los dólares ofrecerán a los niños una manera tangible de entender el presupuesto familiar.

Durante el adiestramiento del presupuesto, enseñe a su hijo a ser un consumidor inteligente. Enséñele las habilidades para comprar, la habilidad de distinguir las necesidades de los deseos y el fino arte de esperar en la providencia del Señor. Advierta al niño acerca de la poderosa influencia de la publicidad y del peligro de gastar impulsivamente.

Cuando el niño llegue a la adolescencia, suspenda la asignación a menos que él presente un presupuesto que explique cómo fue gastado el dinero asignado la semana anterior.

### Dar

El mejor tiempo de establecer el hábito personal de dar es cuando usted es joven. Es de aconsejable para los niños dar una porción del dinero que reciben para una necesidad tangible que puedan visualizar. Por ejemplo, un niño puede entender el impacto de sus donaciones cuando su contribución ayuda a la construcción del edificio de la nueva iglesia o cuando compra alimentos para una familia necesitada que él conoce.

El Dr. Richard Halverson, antiguo capellán del Senado de Estados Unidos, dio a su hijo Chris esta rica herencia cuando era niño. A través de un ministerio que sirve a los niños pobres, Chris y su hermano dieron dinero para ayudar a un niño coreano, llamado Kim. El niño era huérfano y había perdido la vista y un brazo durante la Guerra de Corea. Chris sentía que Kim era su hermano adoptivo. Una Navidad, Chris compró una armónica para Kim. Esta fue la primera posesión personal de Kim. Él cuidó la armónica que Chris le había regalado y aprendió a tocarla muy bien. Actualmente Kim es evangelista, y en su presentación del evangelio él también toca la armónica. Habiendo sido entrenado para dar cuando era joven, Chris experimento de primera mano el valor de satisfacer las necesidades de las personas y ver a Dios obrar cambios en sus vidas como resultado de una donación fiel.

Cuando su hijo sea adolescente, un viaje de misiones, bien sea de la familia o de la iglesia, a un país en desarrollo, puede ser una poderosa experiencia. Exponerlo directamente al aspecto lamentable de la pobreza puede iniciar una vida de donación a los pobres.

También recomendamos un tiempo familiar especial cada semana para dedicar los dones de esa semana al Señor. Es importante que los hijos que participen en este tiempo de dedicación y culto. Entre más se involucren los hijos con sus padres en el manejo apropiado del dinero, mejores hábitos tendrán como adultos.

**Ahorrar e invertir**

Debe establecerse el hábito del ahorro tan pronto como el niño recibe un ingreso. Es de conveniente abrir una cuenta de ahorros para su hijo en ese momento. Mas adelante, cuando su hij madure, usted debe mostrarle los tipos de inversión— acciones, bonos, bienes raíces, etc.

Enseñe a sus hijos los beneficios del interés compuesto. Si ellos captan este concepto y son fieles ahorradores, ellos disfrutarán más estabilidad financiera cuando sean adultos. Los padres deben demostrar el ahorro haciéndolo para algo que beneficie directamente a los hijos. Un buen ejemplo son las vacaciones familiares. Utilice una gráfica que los niños puedan llenar para que puedan trazar el progreso de los ahorros de la familia para las vacaciones.

Los hijos deben tener programas de ahorro a corto y a largo plazo. Cuando el niño es pequeño, lo más importante son las metas alcanzables a corto plazo. Para un niño de cuatro años, una semana parece toda la vida para ahorrar para una pequeña compra. Él o ella no entenderá acerca del ahorro para la educación futura o el retiro, pero les entusiasmará ahorrar para un pequeño juguete.

Para los hijos mayores, el ahorro a largo plazo para la educación, para el primer auto, etc., debe ser un requisito. Algunos padres encuentran motivador que sus hijos contribuyan a sus metas de largo plazo.

## Deuda

Es importante enseñarle a los hijos el costo del dinero y cuán difícil es liberarse de las deudas. Ricardo prestó dinero a su hijo y a su hija, para que cada uno comprara su bicicleta. Ricardo redactó un convenio de crédito con una agenda para el reembolso del préstamo. Incluyó un cargo por interés. Después de que sus hijos pasaron a través del largo, y difícil proceso de pagar el préstamo, la familia celebró con una ceremonia de "quema de la hipoteca". Ricardo comentó que sus hijos apreciaron esas bicicletas más que cualquier otra de sus posesiones, y prometieron evitar la deuda en el futuro.

## EXPERIENCIA DE APRENDER CÓMO "GANAR EL DINERO"

Debido a que el trabajo es un elemento esencial para ser un corresponsable fiel, los padres tienen la responsabilidad de adiestrar a cada hijo en el valor del trabajo y los buenos hábitos de trabajo. Si el niño responde y aprende cómo trabajar con las actitudes adecuadas, él no solamente habrá dado un paso gigantesco para estar satisfecho, sino que será un producto valioso en el mercado laboral. Los buenos empleados son difíciles de encontrar. Obviamente, los niños necesitan aprender la dignidad del hábito de trabajar. En este proceso de enseñanza hay cuatro áreas para considerar.

## Establezca una rutina de responsabilidades.

La mejor manera de que un niño o una niña sea fiel en el trabajo es establecer el hábito de las tareas domésticas diarias. Por ejemplo, mi hija saca la basura y lava los trastes; y mi hijo limpia los pisos.

## Muestre su trabajo a sus hijos.

No hace muchos años, la mayoría de los hijos eran participantes activos en ganar el dinero de la familia. Ellos aprendían rápidamente, y de buena manera, la responsabilidad y el valor del dinero. No obstante, no es la realidad de hoy. Muchos niños no saben cómo su padre o su madre ganan el ingreso de la familia.

Hace varios años, durante una clase, uno de los participantes dijo que él había preguntado a su padre qué había hecho en su trabajo. "Yo hice dinero" respondió su padre. Durante mucho tiempo él pensó que su papá hacía dólares. Su madre le preguntaba a su papá, "¿cuánto recibiste esta semana?". El joven pensaba que su papá era un gran artista capaz de diseñar toda esa detallada rotulación e ilustraciones de los billetes".

Una importante y necesaria manera de enseñar el valor del trabajo es mostrar al hijo la manera en la que lospadres se ganan su ingreso. Si sus hijos no pueden visitarlo en su trabajo, al menos tome un tiempo para explicárselos. Para los padres que manejan su propio negocio, los hijos deben ser motivados a participar.

Un consejo: debido a que la mayoría de los hijos ya no están con los padres en el trabajo, las actitudes y hábitos de trabajo de los padres en la casa serán el modelo de mayor influencia. Si el padre trabaja arduamente en la oficina pero se queja de lavar los trastes en casa, ¿qué le está comunicando a los hijos acerca del trabajo? Analice sus actitudes y actividades de trabajo en casa para asegurarse de estar influyendo apropiadamente en sus hijos a ser trabajadores piadosos.

### Gane un dinero extra en casa.

Usted debe alentar a su hijo a hacer un trabajo extra para ganar dinero. Una buena regla de oro es pagar al niño un salario justo por el trabajo que usted tendría que pagar si contratara a alguien para que lo hiciera. Por ejemplo, si su auto necesita lavarse y su hija necesita algún dinero extra y quiere lavarlo, déjela que lo haga. Esté contento de pagarle a ella en lugar de a la persona del lavado automático de autos.

### Aliente a su hijo a trabajar para otros.

Un trabajo como niñera, conserje, jardinero, mesero servirá como enseñanza. El trabajo da al niño la oportunidad de iniciar la relación empleado patrono, y a ganar un dinero extra.

Cuando su hijo entre a la secundaria, es buena idea suspender la asignación de dinero durante las vacaciones de verano. Esto lo motivará a ganar su propio dinero participando en un empleo en el verano. De igual manera, algunos estudiantes pueden manejar un empleo a tiempo parcial durante el año escolar.

El objetivo de educar a los hijos en el valor del trabajo es construir y disciplinar su carácter. Un hijo trabajador con las actitudes adecuadas será un individuo más satisfecho. Ellos crecerán con más respeto por el valor del dinero y por el trabajo que se requiere para ganarlo.

## DEPENDENCIA Y PELIGRO

En nuestro país los padres invierten menos tiempo con sus hijos que los padres en otras naciones del mundo. Actualmente, los padres tienen un promedio de menos de tres minutos al día para comunicarse con sus hijos. En la Biblia, David y Elías eran hombres piadosos que tenían notables carreras. Sin embargo, ambos perdieron a sus hijos por el poco cuidado paterno.

Si los hijos prosperan, esto será porque los padres los tienen en lo más alto de su lista de prioridades, reservando con consistencia el tiempo y la energía adecuados para liderar dentro de sus hogares. Padres, les ruego evaluar la oportunidad para enseñar a sus hijos. Literalmente, ustedes están influenciando generaciones.

Actualmente es muy común que una madre sola sea la cabeza del hogar. Aprecio los sacrificios que estas madres enfrentan. Por favor siéntanse motivadas. Algunos de los hijos más responsables que conozco han sido criados por piadosas madres solas.

### Depender de la oración

Una de las lecciones más valiosas que usted puede enseñar a sus hijos es orar por la guía y provisión del Señor. El Señor quiere demostrar que Él está involucrado activamente en la vida de cada uno de nosotros. Una de las maneras en las que lo hace es respondiendo a nuestras oraciones. Debido a la opulencia en nuestra sociedad, nosotros nos privamos a nosotros mismos de esta oportunidad. Nosotros podemos cargar compras a nuestra tarjeta sin permitirle al Señor que, a través de la oración, Él nos provea de ellas. Necesitamos ser creativos en cómo podemos experimentar la realidad de Dios en el área de nuestros gastos, y necesitamos ser cuidadosos de comunicar este valor a nuestros hijos.

### Destrucción o indulgencia excesiva

Cuando se trata de dinero, los padres están siempre en la cuerda floja tratando de mantener un equilibrio adecuado. Ellos pueden, fácilmente, ser tacaños con el dinero. En nuestra cultura opulenta, ellos suelen ser excesivamente indulgentes y en consecuencia obstruyen el desarrollo del carácter de sus hijos.

143

¿Cuántos de nosotros no conocemos a un padre que alguna vez cortó el césped para comprar una bicicleta y ahora tiene un hijo adolescente que maneja un auto deportivo? Indudablemente, la indulgencia excesiva con el dinero puede retrasar el desarrollo del carácter de los hijos y destruir la necesidad de iniciativa y de motivación. Con frecuencia esto crea en el niño una expectativa constante de recibir cosas sin tener que trabajar o ahorrar para obtenerlas.

## ESTRATEGIA DE INDEPENDENCIA

Finalmente, nosotros necesitamos establecer una estrategia de independencia. Carlos y Margarita tienen cuatro de los niños más maduros y responsables que conozco. Su estrategia se ha enfocado en trabajar para que cada hijo comience a manejar todo lo referente a sus propias finanzas (con excepción de la casa y el alimento) para el último año de secundaria. De esta manera, ellos pudieron estar disponibles para aconsejar a sus hijos al tomar decisiones a la hora de hacer gastos.

Revisemos cómo los padres MVP educan a sus hijos:

1. **Modele o sea ejemplo** de fidelidad financiera, permitiendo a sus hijos observar de cerca cómo aplica usted estos principios.

2. **Comunique verbalmente** la manera de Dios de manejar el dinero.

3. **Cree oportunidades prácticas** para que sus hijos experimenten los principios financieros de Dios. Cada hijo tiene una personalidad y un temperamento individual. Un hijo puede gastar entusiastamente y al mismo tiempo ser muy generoso; otro puede ahorrar todo y no querer dar nunca. Estudie cuidadosamente las personalidades de sus hijos y ajuste la enseñanza a cada hijo.

Como descubrió el país de Gales, Dios no tiene nietos. Transmitir nuestra fe en Cristo a la próxima generación puede compararse a una carrera de relevos. Cualquier entrenador de pista le dirá que las carreras de relevos se ganan o se pierden frecuentemente en el traspaso del bastón de un corredor a otro. Es muy raro que el bastón caiga una vez que ha sido tomado firmemente por la mano de un corredor. Si alguna vez cae, es en el momento del cambio entre los corredores. Como padres, tenemos la responsabilidad de pasar el bastón de las verdades bíblicas prácticas a nuestros hijos. Algunas veces, durante el proceso de enseñanza puede parecer que el progreso es poco. ¡Sea consistente y persista!

Aún no he encontrado a un adulto cuyos padres vivieron todos estos principios bíblicos financieros y los enseñaron sistemáticamente a sus hijos. Como consecuencia desafortunada de esta falta de entrenamiento, los hijos dejaron el hogar equipados débilmente para manejar su futuro financiero de acuerdo a las Escrituras. Yo rezo para que nuestra generación deje a nuestros hijos el legado ejemplar de la fidelidad financiera.

## CONTRASTE

**La sociedad dice:** Los padres no necesitan enseñarle a sus hijos establecer la disciplina de manejar el dinero o de trabajar duro.

**Las Escrituras dicen:** Los padres tienen la obligación de educar a sus hijos para que sean corresponsables fieles y sabios administradores del dinero.

## COMPROMISO

Analice lo que los sus hijos están aprendiendo del trabajo y del manejo del dinero.

# CATORCE
# PRESUPUESTO

*Mantenerse al corriente de los hechos*

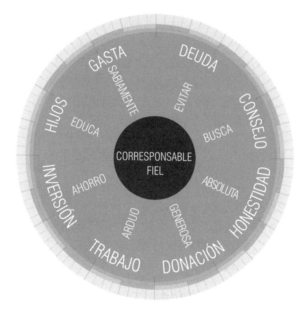

El día que Bev y yo fuimos a ver a Frank y a Vivian Webster, los padres de Jean Hitchcock, ellos estaban disfrutando de la visita de su nieta más pequeña, Talía. Viéndola jugar, no había ni un indicio de lo que ellos habían vivido el año anterior. Para los Webster había sido un año de conmoción dramática. Frank había sufrido un derrame que paralizó su lado izquierdo y le causó la pérdida de su trabajo. Ellos se vieron forzados a vender su acogedora casa frente al lago y reajustar un estándar de vida a uno más razonable.

El apartamento limpio y ordenado que ellos llaman hogar, estaba amueblado módicamente. Esto era el reflejo de que ellos estaban pasando por tiempos difíciles. Vivian explicó su reajuste. "Estamos sorprendidos de las cosas sin las que podemos vivir. Nos hemos forzado a cuidar cada centavo y a seguir un estricto presupuesto".

Sus espaldas fueron puestas contra una pared financiera. Ante la situación, los Webster respondieron economizando en todo momento. Ellos cancelaron el aire acondicionado, dejaron de salir a comer en restaurantes y limitaron el uso del calentador del agua a 30 minutos al día—sólo lo suficiente para ducharse y lavar los trastes. Su conservación estaba dando frutos. Ellos estaban realmente ahorrando más dinero que cuando vivían del lucrativo salario de Frank como ingeniero. Contrariamente, durante esos años de gastos fáciles, ellos habían vivido sin los límites de un presupuesto.

"El trauma del desempleo nos forzó a comunicarnos en un área de nuestras vidas que había estado 'fuera de límites' durante los viejos buenos tiempos," explicó Vivian. "Hemos aprendido más uno del otro a través de esta adversidad que en ningún otro momento durante 37 años de matrimonio. Tan extraño como esto pueda parecer, estamos agradecidos de que haya sucedido esta adversidad. Hay más paz en nuestra familia ahora que durante los años de prosperidad".

## ¿QUÉ ES UN PRESUPUESTO?

Los Webster son una prueba de que cuando nosotros establecemos a dónde va a ir nuestro dinero, podemos hacer que este llegue más lejos. En esto consiste un presupuesto, es—un plan para gastar el dinero.

## ¿POR QUÉ HACER UN PRESUPUESTO?

Cuando el banco avisó de la devolución por falta de fondos, el depositante replicó incrédulo, "¡debo tener más dinero en mi cuenta. Aún tengo seis cheques en mi chequera!" Al igual que el depositante sorprendido, si usted no tiene un presupuesto escrito, lo más probable es que usted esté flotando por el asiento de sus respaldos financieros.

Hacer un presupuesto no siempre es divertido, pero es la única manera de seguir y aplicar lo que ha sido aprendido para liberarse de la deuda, comenzar a ahorrar y hacer donaciones. Sin tomar en cuenta el ingreso, la mayoría de nosotros tenemos dificultad para llegar a fin de mes a menos que haya un plan de gastos. Parece que hubiera "demasiado mes al final del dinero" a menos que se siga un enfoque estructurado y disciplinado de gastos.

## Hacer un presupuesto provee una oportunidad para orar acerca de las decisiones de los gastos.

Hacer un presupuesto es esencial. De acuerdo a una encuesta de matrimonios jóvenes, más del 50% de los problemas maritales más graves son financieros. De hecho, un juez dijo: "las discusiones acerca del dinero son la razón más grande de nuestra escalonada tasa de divorcios". Yo rara vez veo a una familia con problemas económicos que no tenga una verdadera tensión dentro de su matrimonio.

Un presupuesto exitoso debe ser un esfuerzo de equipo. Es una herramienta de buena comunicación para ser utilizada por el esposo y la esposa. Un presupuesto puede ayudar también a una familia a tener un valor integral de su dinero sin perder de vista las cosas que sus miembros desean más.

Una familia de nuestro vecindario se comprometió a enviar a sus hijos al campamento durante dos semanas cada verano. Hace varios años cuando ellos hacían su presupuesto anual en enero, fue obvio que no habría dinero suficiente para que los niños fueran al campamento. La familia entonces acordó que cada miembro podría "contribuir" al campamento de verano haciendo un sacrificio: el padre renunció a su juego de golf una vez al mes, la madre no se unió a su liga de boliche de verano y los niños recibieron la mitad de su mesada normal de dinero. Mediante el uso de un presupuesto, la familia fue capaz de anticipar un problema y hacer ajustes en sus gastos que les permitieran obtener lo que ellos deseaban más, en este caso, el campamento de verano.

## CÓMO HACER UN PRESUPUESTO

Un presupuesto es útil solamente si se usa. Este debería ser un plan individualizado para manejar sus finanzas, no las de alguien más. Algunas personas están más cómodas usando un proceso escrito a mano, mientras otras prefieren usar un presupuesto en línea.

Para establecer su presupuesto, siga los siguientes tres pasos:

### Paso uno
### Inicie donde está usted al día de hoy.

El desarrollo de un presupuesto debe iniciar con la situación actual. Determine cuánto dinero es ganado y gastado. La mayoría de las personas no saben lo que ellas ganan y gastan realmente. Por esta razón, es esencial mantener un récord de cada centavo por un mes y obtener una idea precisa para completar un presupuesto estimado.

Si sus sueldos varían cada mes (como en el caso de una persona de ventas por comisión), haga un estimado conservador de su ingreso anual y divídalo entre 12 para establecer una cifra aproximada de su ingreso mensual.

Entonces, determine cuáles gastos no se repiten cada mes. Algunos ejemplos son los impuestos a los bienes raíces y las vacaciones. Calcule cuánto gasta en ellos cada año y divida el monto entre 12 para determinar su costo mensual. Teniendo esta información, usted puede completar el Presupuesto Mensual Estimado en la siguiente página. No se desaliente. Casi cada presupuesto inicia con más gastos que ingresos. ¡Hay esperanzas, siga adelante!

## Paso dos
### La solución está donde nosotros deseamos estar.

Para resolver el problema de gastar más de lo usted gana, debe incrementar su ingreso o disminuir sus gastos. Es así de simple. Bien sea ganar más o gastar menos. No hay otras alternativas.

### Aumentar su ingreso

Un trabajo de medio tiempo, o mejor aún, un proyecto que podría involucrar a toda la familia, incrementaría su ingreso. El peligro presente al incrementar el ingreso es la tendencia de que los gastos también se eleven. Para evitar este problema llegue a un acuerdo de antemano, con la familia, de aplicar cualquier ingreso extra para balancear el presupuesto.

### Reducir los gastos

Mi padre estaba en el negocio de la hotelería cuando yo era niño. Él era dueño de un pequeño resort en Florida que hospedaba a los turistas. El negocio era por temporadas; durante el invierno, este florecía, pero en el verano decaía a casi nada. Él me decía que sólo pensar en el verano le daba escalofríos, pero después de los meses de escasez, él estaba siempre agradecido. El verano le creó el hábito de hacer estas preguntas acerca de sus gastos: ¿Qué gasto es absolutamente necesario? ¿De qué gasto puedo prescindir? ¿Cuál gasto puedo reducir?

Usted puede hacerse las mismas preguntas para establecer un presupuesto personal mientras trabaja para reducir sus gastos.

---

*Ingreso anual de veinte libras, gasto anual, diecinueve libras y seis peniques, el resultado es la felicidad.*

*Ingreso anual de veinte libras, gasto anual de más de veinte libras, el resultado es la miseria.*

—Charles Dickens

---

# PRESUPUESTO MENSUAL ESTIMADO

| | | | | |
|---|---|---|---|---|
| **INGRESO MENSUAL BRUTO** | | **7. ROPA** | |
| Salario | | Adultos | |
| Interés | | Niños | |
| Dividendos | | Lavandería | |
| Otro Ingreso | | **8. MÉDICO Y SALUD** | |
| Menos | | Doctor | |
| **1. DONACIONES** | | Dentista | |
| **2. IMPUESTOS** | | Medicamentos | |
| Ingreso Neto Consumible | | Visión/Dental | |
| Gastos de Vida | | Incapacidad | |
| **3. AHORRO E INVERSIÓN** | | Cuidados a Largo Plazo | |
| Ahorro Emergencias | | **9. EDUCACIÓN** | |
| Remplazo de Auto | | Educación/Adultos | |
| Fondos/Retiro | | Niños/colegio/suministros | |
| Fondos/Universidad | | Tutorías/Actividades | |
| IRA | | **10. PERSONAL** | |
| **4. CASA** | | Asignaciones/mesadas | |
| Hipoteca o Renta | | Cuidado-hijos/Guardería | |
| Seguro | | Seguro de Vida | |
| Impuesto Predial | | Prod/Higiene Personal | |
| Electricidad | | Regalos | |
| Calefacción/Gas | | Mascotas | |
| Agua | | Deportes/Pasatiempos | |
| Salud | | Suscripciones/Pagos | |
| Teléfono | | **11.VACACIONES/ENTRETENIMIENTO** | |
| Mantenimiento | | Actividades | |
| Limpieza y Materiales | | Vacaciones/Viajes | |
| Otros | | Videos/Libros/Música | |
| **5. ALIMENTOS** | | **12. DEUDAS** | |
| **6. TRANSPORTE** | | | |
| Pagos del Auto | | **GASTOS TOTALES DE VIDA** | |
| Gasolina y Aceite | | **INGRESO VS. GASTOS DE VIDA** | |
| Seguro | | **INGRESO NETO CONSUMIBLE** | |
| Repar/Mant/Remplazo | | **MENOS GASTOS TOTALES DE VIDA** | |
| Otros | | **SUPERÁVIT O DÉFICIT** | |

Aquí le ofrecemos algunas orientaciones generales que le ayudarán a evaluar sus gastos más importantes. Los porcentajes reales pueden variar dependiendo del costo de la casa donde usted vive, el número de miembros de su familia y su ingreso. Cuando usted exceda el rango más alto en una de las categorías, esto debe alertarle para evaluar cuidadosamente sus gastos en esa categoría.

## LINEAMIENTOS GENERALES EN PORCENTAJE

| Categoría | Porcentaje de ingreso (después de donaciones e impuestos) |
|---|---|
| Ahorros e Inversión | 5-15% |
| Vivienda | 30-40% |
| Alimentos | 5-15% |
| Transportación | 10-15% |
| Ropa | 2-7% |
| Médico / Salud | 5-10% |
| Educación | 2-7% |
| Personal | 5-10% |
| Entretenimiento / Vacaciones | 5-10% |
| Deudas | 0-10% |

Considere estas sugerencias para gastar más cautelosamente:

### Vivienda

1. Compre una casa vieja que usted pueda mejorar con su propio trabajo. Puede incluso comprar una casa de medidas modestas que satisfaga sus necesidades actuales con un diseño que pueda expandirse para satisfacer sus necesidades en el futuro.

2. Considere que rentarla es menos costoso e involucra menos responsabilidades—cuidado del césped, mantenimiento, etc.

3. Si usted puede hacer trabajos de reparación y mantenimiento como cortar el césped, fumigación, pintura y limpieza de alfombras, usted ahorrará una cantidad importante

4. Disminuya el costo de los servicios públicos limitando el uso de la calefacción, el aire acondicionado, la iluminación y los aparatos eléctricos.

5. Compre cuidadosamente muebles y aparatos electrodomésticos. Las ventas de garaje son una buena fuente para adquirir bienes del hogar a precios razonables.

**Alimentos**

1. Prepare un menú para la semana. Haga una lista de los ingredientes para el menú y compre de acuerdo a la lista. Esto le ayudará a tener una dieta nutricionalmente balanceada, a evitar el impulso de comprar y a eliminar el desperdicio.

2. Compre una vez a la semana. Cada vez que nosotros vamos a comprar "alguna pequeña cosa" siempre compramos "algunas otras pequeñas cosas" en el supermercado.

3. Suspenda la compra de alimentos preparados, los cuales tienen agregado al precio un costoso trabajo de preparación.

4. Deje a hijos y a esposos hambrientos en casa cuando vaya de compras. Entre menos distracciones tenga de su lista de compras será mejor.

5. Los almuerzos consumidos fuera de casa en restaurantes o cafeterías, con frecuencia impactan el presupuesto. Un almuerzo que se prepara en casa y se lleva al trabajo ayudará a mantener el presupuesto y también la línea de la cintura.

6. Reduzca el uso de productos desechables. El uso diario de platos de cartón, vasos y servilletas desechables es costoso.

## Transportación

1. Si usted tiene dos autos, intente si puede usar sólo uno. Esto repercutirá en un gran ahorro en transportación.

2. Compre un auto usado de bajo costo y consérvelo hasta que las reparaciones sean muy costosas.

3. Entre más pequeño sea el auto, más económica será su operación. Usted paga un estimado de 35 centavos por libra cada año para hacer que un auto funcione.

## Ropa

1. Haga una lista por escrito de las necesidades de ropa al año. Compre de acuerdo a su lista durante las ventas fuera de estación en las tiendas de ropa económica y en las ventas de garaje.

2. Compre moda básica sencilla que mantenga el estilo por más tiempo que la ropa de moda pasajera

3. No compre demasiada ropa. Seleccione uno o dos colores básicos para su guardarropa. Compre ropa y atuendos que pueda usar en combinación con otros.

4. Compre telas lavables en casa. La ropa que requiere limpieza en seco o en tintorería es de mantenimiento costoso.

## Seguros

1. Seleccione un seguro basado en sus necesidades y presupuesto Asegúrese de evaluar la póliza y sus características en tres compañías aseguradoras importantes.

2. Elevar el deducible reducirá de manera importante los pagos.

3. Busque recomendaciones entre amigos de un experto agente de seguros. Un agente competente puede ahorrarle dinero.

## Salud

1. Practique la medicina preventiva. Su cuerpo estará más saludable cuando usted tiene la nutrición, el descanso y el ejercicio adecuados.

2. Practique la higiene oral para mantener dientes saludables y reducir los costos del dentista.

3. Pida a sus amigos que le recomienden médicos y dentistas competentes y con honorarios razonables.

## Entretenimiento y recreación

1. Planifique sus vacaciones de fuera de temporada y elija destinos cerca de casa.

2. En lugar de entretenimientos costosos, busque alternativas como los días de campo o explore los parques estatales sin costo.

## Cinco sugerencias de presupuesto

1. Concilie el estado de sus cuentas bancarias cada mes.

2. Es de gran ayuda tener una cuenta de ahorros separada en la que usted pueda depositar cada mes la asignación mensual para el pago de los servicios antes de su vencimiento. Por ejemplo, si el pago anual de su seguro es de $960, deposite $80 en su cuenta de ahorros cada mes. Esto asegura que tenga el dinero disponible cuando venzan esos pagos.

3. Nosotros estamos acostumbrados para pensar mensualmente. Para entender mejor el impacto de un gasto, calculemos el costo anual. Por ejemplo, si usted gasta $6 dólares en el almuerzo de cada día de trabajo, multiplique $6 dólares por cinco días a la semana, por 50 semanas al año. Esto nos da un gasto total de $1.500 anuales sólo en almuerzos. Pensar en los gastos de manera anual nos muestra el verdadero costo de los gastos aparentemente intrascendentes.

4. Controle el impulso de gastar. El impulso de gastar varía en un rango desde comprar cosas como automóviles hasta pequeños artículos como herramientas. Cada vez que usted tenga el impulso de gastar en algo no planificado, escríbalo en una "lista de impulsos" y ore por esta compra por varios días. Al hacerlo, frecuentemente el impulso desaparece.

5. Es conveniente que ambos esposos incluyan las asignaciones personales en el presupuesto. Ambos deben tener asignaciones para gastar como les plazca. El esposo y la esposa participan en sus actividades favoritas en tanto sus asignaciones se los permitan. Esto eliminará muchas discusiones.

## Paso Tres
### ¡No se detenga!

La tentación más común es detenerse de hacer un presupuesto. No lo haga. Francamente, mucha gente encuentra difícil iniciar un presupuesto por sí mismos. Si usted no se ha unido en el pequeño grupo de estudio *Compass*, le reto a que lo haga. En el ambiente del pequeño grupo usted se motivará y se responsabilizará por aplicar los principios bíblicos de finanzas.

Recuerde, un presupuesto es un plan sencillo para gastar su dinero. Este no trabajará por sí mismo. Cada área de su presupuesto debe ser revisada con regularidad para mantener el control de sus gastos. *"Gracias a la sabiduría se construye una casa, merced a la experiencia se la consolida; por medio del saber sus cuartos se llenan de muchas cosas preciosas y agradables"* (Proverbios 24:3-4).

Establecer un presupuesto provocará frustraciones a través de los años, pero si es utilizado adecuadamente le ahorrará miles de dólares. Esto le permitirá incrementar sus ahorros y mantenerse libre de deuda. Lo más importante este ayudará a esposo y esposa a comunicarse en un área que actualmente es la causa principal de los conflictos matrimoniales.

## CONTRASTE

**La sociedad dice:** Hacer un presupuesto es difícil e innecesario.

**Las Escrituras dicen:** Se espera que los buenos corresponsables manejen fielmente el dinero y las posesiones.

## COMPROMISO

Mantenga un registro cuidadoso de todos sus gastos durante 30 días para determinar su situación actual. Después de esto, desarrolle un presupuesto a la medida de su ingreso y de sus objetivos personales. ¡Póngalo en práctica!

QUINCE

# NIVEL DE VIDA

## ¿Cómo debemos vivir?

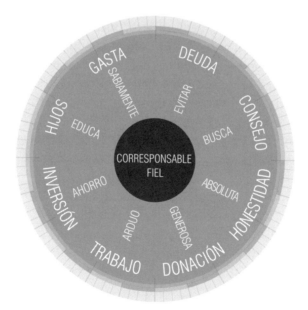

Fui invitado a asistir al segundo aniversario de un evento muy especial, el día en el que los Hitchcock lograron su objetivo de librarse de la deuda. Dos años más tarde ellos estaban agradecidos por su nueva libertad, y lo más importante, su matrimonio estaba creciendo más fortalecido. A pesar de que había sido una lucha para ellos, y varias veces habían estado al borde de renunciar, el grado de interés por salvar su matrimonio era muy alto. Ellos perseveraron y lograron su objetivo.

Ahora Alan y Jean enfrentaban un nuevo desafío: sus ingresos excedían sus gastos. ¿Cómo debían ellos gastar ahora su ingreso excedente? Tenían decisiones importantes que tomar. ¿Debían cambiarse a una casa más grande o quedarse en la actual y trabajar en liquidar la hipoteca? ¿Debían comprar un nuevo auto? ¿Debían adoptar un estilo de vida más costoso o continuar ahorrando y dar más?

La Biblia no dicta un estilo de vida particular para todos. Aunque, las Escrituras contienen numerosos principios de desafíos que nosotros debemos considerar al elegir un estilo de vida.

**Piense con una perspectiva eterna.**

Nutra una perspectiva eterna. Tanto nuestra cultura como los medios nos imploran enfocarnos en lo inmediato. La publicidad persuade a los consumidores a gratificarse en el momento sin pensar en el mañana. Analice lo siguiente para entender cuán breve es la vida en la tierra comparada con la eternidad:

**ETERNIDAD PASADA**    **ETERNIDAD FUTURA**

Nuestro tiempo momentáneo en la tierra es un punto en la línea del tiempo en la eternidad. Sin embrago, nosotros tenemos la oportunidad de influir en la eternidad por la manera en la que nosotros manejamos el dinero hoy. No solamente tenemos el privilegio de acumular tesoros para nosotros en el cielo sino también la oportunidad de gastar dinero para influir en la gente acerca de Jesucristo. Lograr una perspectiva y valores eternos tendrá un profundo efecto en la toma de decisiones.

Moisés es un buen ejemplo. Estudie cuidadosamente Hebreos 11:24-26: "*Por la fe Moisés, ya crecido, se negó a ser llamado hijo de una hija del faraón, y quiso compartir no el goce pasajero del pecado, sino los malos del tratos del pueblo de Dios. Se fijó en que Dios retribuiría a cada uno, y consideró que ser humillado con Cristo tenía más valor que todas las riquezas de Egipto".*

Moisés enfrentó una decisión. Como hijo adoptivo del Faraón él podía disfrutar la generosidad de la realeza o él podía elegir convertirse en un esclavo hebreo. Como él tenía una perspectiva eterna, eligió lo último y fue usado por el Señor en una manera notable. Nosotros enfrentamos una decisión similar. Nosotros podemos vivir con una visión hacia la eternidad o vivir enfocados en este mundo presente.

¿Ha tenido usted la experiencia de regresar como adulto a un lugar que conoció de niño? Yo visité una vez un campo en el cual jugué cuando tenía 12 años. Recordé que este era un enorme campo rodeado por altas cercas. ¡Estaba sorprendido al descubrir cuán pequeño era realmente el campo! ¿Recuerda usted desear tanto algo que casi lo saboreaba? Sin embargo ahora esto no significa nada para usted. En mi opinión, que experimentaremos algo similar después de que lleguemos al cielo. Muchas cosas que parecen muy importantes para nosotros ahora serán insignificantes a la luz de la eternidad.

**Usted es un peregrino.**

Las Escrituras mencionan cual debe ser nuestra identidad y rol en la tierra: primero, que ante todo, *"Nosotros tenemos nuestra patria en el cielo"* (Filipenses 3:20). Segundo, *"Nos presentamos pues, como embajadores de Cristo"* (2 Corintios 5:20). Y tercero, *"...confesándose extraños y peregrinos en la tierra"* (Cf. Hebreos 11:13).

Pedro escribió, *"...tomen pues en serio estos años que viven fuera de su patria"* (1 Pedro 1:17). Más tarde agregó, *"Amados hermanos, por ser extranjeros y gente de paso, les ruego que se abstengan de los deseos carnales que hacen la guerra al alma"* (1 Pedro 2:11).

La Iglesia Católica se refiere a sí misma como "Iglesia peregrina en la tierra". Un peregrino es un viajero y no un colono— alguien que está consciente de que la acumulación excesiva de cosas sólo puede distraerle de lograr su meta o destino. Las posesiones materiales son valiosas para un peregrino solamente para facilitar su misión. El peregrino es un viajero que elije estratégicamente sus posesiones, con respecto a la mayoría de ellas como cargas que podrían hacer más lento o incluso imposible el camino. Por supuesto, muchos son "colonos" en el sentido temporal, viviendo en casas y siendo propietarios de muebles y desarrollando negocios. No hay nada malo en esto, pero necesitamos mantener la mentalidad de peregrinos, de desprendimiento de las cosas—la filosofía del viajero que viaja ligero.

Adquiera sólo aquellos bienes que le permitan cumplir el llamado de Dios en su vida.

### Haga un esfuerzo por vivir de manera sencilla.

Cada posesión requiere tiempo, atención y con frecuencia dinero para mantenerla. Demasiadas posesiones o las posesiones inadecuadas, pueden demandar demasiado tiempo, energía o dinero, tanto que dañen nuestra relación con el Señor y con nuestro prójimo. La vida tranquila, sencilla, es el mejor ambiente para permitirnos tiempo suficiente para nutrir nuestra relación con el Señor. "Nosotros debemos vivir simplemente para que otros puedan simplemente vivir" (Santa Elizabeth Ann Seaton).

### Nosotros estamos en la Guerra.

*"Soporta las dificultades como un buen soldado de Cristo Jesús.* El que se alista en el ejército trata de complacer al que lo contrató, y no se mete en negocios civiles" (2 Timoteo 2:3-4). En tiempos de guerra, la gente con frecuencia altera radicalmente su estilo de vida para ayudar a ganar la guerra. Ellos racionan el uso de los artículos estratégicamente importantes. Ellos gastan menos en las comodidades de la vida para que la armada pueda ser proveída adecuadamente. Como soldados, nosotros debemos ser cuidadosos de no estar cargados excesivamente con los afanes de esta vida.

**Reconocer al enemigo.**

*"Pues no nos estamos enfrentando a fuerzas humanas, sino...a los espíritus y fuerzas malas del mundo de arriba" (*Efesios 6:12). En una guerra usted va a usar su arma más efectiva. La misión del diablo es distraernos de servir a Cristo. Él frecuentemente lo logra intentando que nosotros sirvamos al dinero y a las posesiones. Como hemos visto anteriormente, el dinero es el principal competidor con Cristo por el dominio de nuestra vida. *"Ustedes no pueden servir al mismo tiempo a Dios y al dinero".* (Mateo 6:24).

Servir al dinero con frecuencia es difícil de identificar porque amar al dinero es un pecado respetable—la gente le felicitará por adquirir el esplendor del éxito financiero. Por lo tanto, usted debe analizar piadosamente su relación con Cristo y con el dinero.

**Gaste el dinero de una manera que complazca al Señor.**

Ofrezca en oración al Señor sus decisiones de gastar el dinero. Todo lo que nosotros poseemos es propiedad del Señor, por tanto, debemos gastar para complacerle y no por un propósito egoísta. Buscar la dirección del Señor en nuestros gastos no significa que nunca gastaremos en ninguna otra cosa que las necesidades básicas. La recreación, las actividades de entretenimiento y el descanso son importantes. *"Porque todo lo que Dios ha creado es bueno, y no hay por qué rechazar un alimento que se toma dando gracias a Dios"* (1 Timoteo 4:4).

**No se compare usted con otros.**

Algunas personas usan la comparación para justificar el hecho de gastar más de lo que deben. Muchos han sufrido financieramente porque trataron pero no pudieron tener dinero suficiente para "estar a la par con los Pérez". Alguien dijo una vez: "Usted nunca podrá estar a la par con los Pérez. Porque cuando usted los ha alcanzado, ¡ellos refinancian su casa y se endeudan aún más para comprar más cosas!" Si usted es rico, su estilo de vida debe estar basado en la convicción de que el Señor quiere que usted tenga cierto estilo de vida.

## Si sólo yo tuviera más...

¿Ha sentido usted alguna vez que si estuviera en una posición más prestigiosa o tuviera más dinero, usted podría lograr cosas realmente significativas para el Señor?

Analicemos a dos hombres que vivieron en Roma y estaban en diferentes puntos del espectro económico. Antes de las competencias de los gladiadores en el Coliseo, todos debían estar de pie, esperando silenciosamente por el César. Las competencias no podían iniciar hasta que él llegara, entonces él era saludado con gritos de "¡Ave César!" él tenía más poder, prestigio y riqueza que ninguno de quienes vivían en aquel tiempo. Él era venerado como si fuera un dios.

En otro lugar de Roma, estaba otro hombre en circunstancias muy diferentes. Él estaba en prisión. Invertía su tiempo orando y escribiendo a sus amigos. Su nombre era Pablo.

Un hombre vivía en un palacio opulento. El otro vivía en una sucia celda. Uno tenía una riqueza casi ilimitada. El otro tenía casi nada. Uno era el centro de atención. El otro era virtualmente ignorado. Casi dos mil años más tarde, la gente alrededor del mundo reconoce cuál de estos dos hombres hizo la contribución eternamente importante. ¡La gente nombra a sus hijos con el nombre del prisionero y sus ensaladas con el nombre del emperador!

Ser usado por Cristo en una manera significativa no tiene nada que ver con una alta posición o grandes riquezas. Tiene todo que ver con la disponibilidad para permitir a Cristo ser su Señor.

## No os conforméis a este mundo.

Romanos 12:2 inicia con este mandato: *"No sigan la corriente del mundo en que vivimos, sino más bien transfórmense a partir de una renovación interior. Así sabrán distinguir cuál es la voluntad de Dios, lo que es bueno, lo que le agrada, lo que es perfecto".*

Vivimos en una de las culturas más prósperas que el mundo ha conocido. Y somos bombardeados constantemente con publicidad costosa y manipuladora cuyo propósito es provocar que gastemos dinero.

Los medios publicitarios usualmente presionan la importancia de la imagen sobre la función. Por ejemplo, la publicidad de los autos raramente se enfoca en que es un transporte confiable, económico; en su lugar, es proyectada una imagen de prestigio o de atractivo sexual.

> *Deja que las cosas temporales sirvan para tu uso, pero que lo eterno sea el objeto de tu deseo.*
>
> Tomás de Kempis

Reflexione en las prerrogativas de los comerciales de la televisión. Sin importar el producto, bien sea—ropa, desodorantes, tarjetas de crédito, autos, bebidas, usted nombre uno—el mensaje comunicado es que la "vida agradable, hermosa, libre de asperezas" puede ser nuestra si estamos dispuestos a comprar el producto. Desafortunadamente, estos ataques de los medios han influenciado en todos nosotros de alguna manera. George Fooshee, autor del excelente libro *"You can Beat the Money Squeeze (Usted Puede Vencer la Escasez de Dinero),* declara apropiadamente: "La gente compra cosas que no necesita con dinero que tiene para impresionar a personas que a ellos ni siquiera les agradan".[6]

La gráfica siguiente representa cómo el artificial estilo de vida, generado por los medios influencia nuestras vidas. La curva inferior representa nuestro ingreso—lo que nosotros podemos permitirnos comprar realmente. La curva siguiente ilustra cuánto gastamos realmente. Nosotros disimulamos la diferencia entre nuestro ingreso y gasto mediante el uso de la deuda, la cual crea esclavitud, presión financiera y ansiedad. La parte superior de la gráfica demuestra que la publicidad nos dice que compremos. Es una imagen consciente, un estilo de vida costoso que clama satisfacer las necesidades más profundas del corazón humano. Cuando nosotros queremos vivir este falso sueño inducido por los medios, pero no podemos alcanzarlo, sufrimos descontento, envidia y codicia.

Ninguno de nosotros es inmune a la atracción de este mensaje. Hace varios años una atractiva camioneta de un comercial en la televisión captó mi atención. Nuestra familia tenía una furgoneta de segunda mano, era un modelo viejo de hace 11 años, pintada en un color amarillo poco atractivo. La camioneta publicada era perfecta para nuestra familia— el tamaño justo y color perfecto. Llegué a pensar que esta camioneta sería más adecuada para uso en el ministerio. Me encontré a mí mismo invirtiendo media hora diaria estudiando folletos hermosos, glamorosos, admirando nuevas camionetas en el camino y soñando despierto que la conducía una de ellas. ¡Yo estaba enganchado! La furgoneta amarilla parecía más insignificante cada día, mientras la "van" fue moviéndose de la categoría de "yo la quiero" a "yo la necesito".

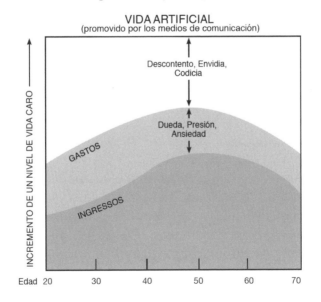

Estaba a punto de comprar la camioneta cuando decidí buscar el consejo de Jack Norman, un comerciante de autos y amigo mío. Él me había dado un buen consejo. Me preguntó cuántas millas había sido conducida la camioneta. "Cincuenta y cinco mil millas," le respondí. Él lo pensó por un momento y luego dijo, "¡la camioneta está en buenas condiciones y ha tenido que ser un gran transporte durante años!" Yo no quería escuchar esto, pero de mala gana estuve de acuerdo con él. Su consejo me ahorró miles de dólares. El momento en el que tomé la decisión de conservar la camioneta amarilla, perdí el deseo por el otro vehículo. La camioneta no dominó mi pensamiento por más tiempo. Lo más interesante es que ¡la furgoneta amarilla empezó a parecerme atractiva!

De vez en cuando todos nosotros nos enganchamos en algo que pensamos que debemos comprar, bien sea un auto, una cámara, un bote, por nombrar algunas cosas. Una vez enganchados es fácil racionalizar una compra. Por favor recuerde buscar la guía del Señor y el consejo de la gente piadosa cuando considere realizar un gasto.

## CONTRASTE

**La sociedad dice:** Adquiera tantas posesiones costosas como le sea posible porque ellas son evidencia de que usted es una persona exitosa e importante.

**Las Escrituras dicen:** La acumulación excesiva de posesiones le distraerá de cumplir el propósito de Dios para su vida.

## COMPROMISO

Determine en oración qué estándar de vida desea el Señor para usted.

# DIECISEIS
# PERSPECTIVA

*¿Qué es realmente importante?*

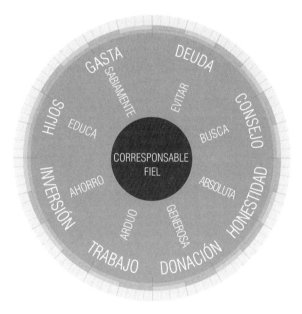

El joven Roger Morgan salió a los Montes Apalaches con el sólo propósito de hacer fortuna. El dinero se convirtió en su Dios, y llegó a ser millonario. Entonces el mercado de valores enfrentó la crisis de 1929 y la Gran Depresión lo redujo a la absoluta pobreza. Sin dinero, él tomó el camino de regreso. Un día un amigo lo encontró en el Puente Golden Gate con la mirada fija en las aguas de la Bahía de San Francisco y le sugirió seguir adelante. "Déjame solo", replicó Roger. "Estoy tratando de pensar. Hay algo más importante que el dinero, pero he olvidado lo que es".

Lo que Roger Morgan olvidó o quizás nunca supo, era la perspectiva de las Escrituras acerca del dinero. Esto es lo que nosotros exploraremos en este capítulo.

## EL DINERO NO TRAE LA VERDADERA FELICIDAD

El Rey Salomón tenía un ingreso anual de más de $25 millones. Él vivió en un palacio que tomó 13 años ser construido. Era propietario de 40.000 establos de caballos. Él se sentó en un trono de marfil adornado con oro. Él bebió en copas de oro. El menú diario de su casa familiar incluía 100 ovejas y 30 bueyes además de venados y aves de corral. (Vea 1 Reyes 5:1 – 1 Reyes 7:1)

Obviamente, Salomón estaba en una posición de conocer si el dinero traería felicidad, y él no dudó en decir que las riquezas no traen la verdadera felicidad: *"Si se acrecienta la riqueza, se multiplican también los que se la comen; ¿y qué saca su dueño con tenerla? Solo el gusto de verla. El sueño del trabajador será tranquilo, haya comido poco o mucho; pero la saciedad del rico no le permite dormir"* (Eclesiastés 5:10-11).

Por el contrario, la mayoría de la gente cree que usted puede comprar la felicidad. El Instituto Americano de Opinión Pública encontró que el 70% de los norteamericanos piensan que serían más felices si pudieran ganar solamente un poco más cada semana. Con regularidad me encuentro al lado de esta mayoría, cayendo en la trampa del "si solamente".

Si solamente tuviera un auto nuevo, yo estaría satisfecho. Si solamente viviera en esa bonita casa, yo estaría contento. Si solamente tuviera ese preciso trabajo, yo sería feliz. La lista de "si solamente" es interminable.

La Biblia ofrece un agudo contraste para esta actitud. Como alguien ha dicho:

El dinero comprará:

Una cama más no el sueño;

Los libros más no los cerebros;

La comida más no el apetito;

Una casa más no un hogar;

La medicina más no la salud;

La diversión más no la felicidad;

Un crucifijo más no al Salvador.

## ¿ES MALO EL DINERO?

El dinero no es malo. Es moralmente neutral. El dinero puede ser usado para el bien; como apoyar a los misioneros o construir hospitales. Puede también ser usado para el mal; como financiar drogas ilegales y pornografía.

Analice cuidadosamente 1 Timoteo 6:10: *"Debes saber que la raíz de todos los males es el amor al dinero"*. La Biblia no condena al dinero en sí mismo, solamente el uso inadecuado o una actitud equivocada respecto al dinero. Además, particularmente en el Antiguo Testamento, mucha de la gente más piadosa estaba entre los más ricos de aquel tiempo. Job, Abraham y David eran ricos, pero ellos no permitieron que ello interfiriera en su relación con el Señor.

No obstante, las Escrituras advierten que los ricos pueden destruir una vida espiritualmente productiva. *"La semilla que cayó entre cardos es aquel que oye la Palabra, pero luego las preocupaciones de esta vida y los encantos de las riquezas ahogan esta palabra y al final no produce fruto"* (Mateo 13.22).

Además, es fácil para aquellos que tienen recursos alejarse de Dios. *"Pues los estoy llevando a la tierra que bajo juramento prometí a sus padres, tierra que mana leche y miel, y ellos, después de comer hasta saciarse y engordar bien, se volverán hacia otros dioses, les darán culto y a mí me despreciarán y romperán mi alianza"* (Deuteronomio 31:20). Alguien hizo la siguiente observación, "por cada 99 personas que pueden ser pobres y permanecer cerca de Cristo, solamente una puede hacerse rica y mantener una relación cercana con Él". La naturaleza humana debe ser adherirse al Señor, es obvio que sólo Él puede proveer para nuestras necesidades. Cuando la gente prospera, ellos con frecuencia toman al Señor por concedido porque piensan que ya no necesitan mucho de Él.

## ¿LA GENTE PIADOSA PROSPERARÁ SIEMPRE FINANCIERAMENTE?

Algunos cristianos abrazan uno de los dos extremos. Algunos dicen que si usted es verdaderamente espiritual debe ser pobre, porque la riqueza y una relación cercana con Cristo no pueden coexistir. El otro extremo es la creencia de que si un cristiano tiene fe, él o ella disfrutará de prosperidad financiera ininterrumpida.

Uno de los extremos del espectro nos enseña que la santidad solamente puede ocurrir en un ambiente de pobreza. A pesar de ello, hemos observado ya que el dinero es moralmente neutral y puede ser usado para el bien o para el mal. En el Antiguo Testamento el Señor extendió la recompensa de la abundancia a los hijos de Israel cuando ellos obedecieron, mientras que la amenaza de la pobreza fue una de las consecuencias de la desobediencia. En Deuteronomio 30:15-16, se lee, *"Mira que te he ofrecido en este día el bien y la vida, por una parte, y por la otra, el mal y la muerte. Lo que*

---

*El que ama el dinero nunca tiene lo suficiente, ¿por qué entonces perseguir una satisfacción que nunca llegará? Esto no tiene sentido.*

Eclesiastés 5:10

---

*hoy te mando es que tú ames a **Yavé** [Cursiva nuestra], tu Dios, y sigas sus caminos. Observa sus preceptos, sus normas y sus mandamientos, y vivirás y te multiplicarás, y **Yavé** [Cursiva nuestra] te dará su bendición en la tierra que vas a poseer".*

Se lee también en, Salmos 35:27, *"Grande es el Señor pues supo defender a su servidor". "Muy querido amigo, sabiendo que tu alma va por el buen camino, te deseo que goces de buena salud y que todos tus caminos te den satisfacción"* (3 Juan 1:2). Permítame enfatizar esto otra vez. La Biblia no dice que una persona piadosa debe vivir en la pobreza. Una persona piadosa debe tener recursos materiales.

Por otro lado, hay quienes creen que todos los cristianos que tienen verdadera fe siempre prosperarán. Este extremo también es un error.

Estudie la vida de José. Él es el ejemplo clásico de una persona de fe que experimentó tanto la prosperidad como la pobreza. Él nació en una familia próspera, luego fue arrojado a un pozo y vendido como esclavo por sus hermanos celosos. Él fue un esclavo doméstico en la casa de un egipcio muy rico. Su patrón, Putifar, promovió a José como administrador de su casa. Más tarde José hizo la decisión correcta al no cometer adulterio con la esposa de Putifar. Sin embargo, debido a esta decisión, fue hecho prisionero durante años. En el tiempo de Dios, José finalmente fue ascendido a la posición de primer ministro de Egipto.

Examinemos tres razones por las que la gente piadosa puede no prosperar.

### 1. Violar un Principio de las Escrituras

Usted puede estar haciendo donaciones generosas, pero actuar con deshonestidad. Usted puede ser un empleado fiel, pero estar ahogado en deudas. Usted puede estar completamente libre de deudas, pero no donar nada.

Uno de los más grandes beneficios de este libro es que exploramos lo que la Biblia completa nos enseña acerca del dinero. Aquellos que no entienden todos los requerimientos pueden desatender áreas críticas de responsabilidad y sufrir financieramente.

## 2. Construir un carácter piadoso.

En Deuteronomio 8:16-18 encontramos un ejemplo del Señor desarrollando el carácter en la gente antes de hacerlos prósperos:

*"...y te alimentó en el desierto con el maná, que no conocían tus padres. Así que te hizo pasar necesidad y te puso a prueba, para colmarte mejor después. ¿No podría ser que digas: con mi propio esfuerzo me conseguí esta buena situación? Más bien acuérdate de Yavé tu Dios, que te dio fuerzas para conseguir este bienestar, cumpliendo así la alianza que prometió a tus padres, como en este día sucede".*

El Señor sabía que los hijos de Israel tenían que ser humildes antes de que pudieran manejar la riqueza. Nuestro Padre nos conoce mejor que nosotros mismos. En su infinita sabiduría Él conoce con exactitud cuánto puede confiarnos y en qué momento sin que se lastime nuestra relación con Él.

## 3. El misterio de la Soberanía de Dios.

Hebreos 11:1-35 enlista a la gente que triunfó milagrosamente por ejercitar su fe en el Dios vivo. Pero en el versículo 36 el escritor dirige nuestra atención abruptamente a la gente piadosa que vivió por la fe y ganó la aprobación de Dios, aunque experimentó la pobreza. El Señor finalmente elije cuánto confía a cada persona. Y algunas veces nosotros simplemente no podemos entender o explicar sus decisiones.

Resumiendo: Las Escrituras no enseñan la necesidad de la pobreza ni de la prosperidad ininterrumpida. Lo que la Biblia enseña es la responsabilidad de ser un fiel corresponsable. Por favor, revise el diagrama al final de la página y la comparación entre las perspectivas.

## La perspectiva del Señor de la prosperidad

Antes de dejar el tema de la prosperidad, es importante entender que la perspectiva del Señor ante la prosperidad es contraria a la de nuestra cultura. El Señor evalúa las verdaderas riquezas basado en su sistema espiritual de valores. Este contraste está expresado más claramente en el libro del Apocalipsis. Los pobres piadosos son ricos a los ojos de Dios. *"El que tenga oídos, oiga este mensaje del Espíritu a las Iglesias"* (Apocalipsis 2:9). Aquellos que son ricos sin embargo no disfrutan una relación cercana con Cristo, realmente son pobres. *"Tú piensas: soy rico, tengo de todo, nada me falta. Y no te das cuenta de que eres un infeliz, digno de compasión, pobre, ciego, y desnudo"* (Apocalipsis 3:17). La verdadera prosperidad se extiende más allá de las posesiones materiales. La verdadera prosperidad es estimada por qué tan bien conocemos a Jesucristo y qué tan de cerca le seguimos.

|  | Pobreza | Corresponsabilidad | Prosperidad |
|---|---|---|---|
| Las posesiones son | Un mal | Una responsabilidad | Un derecho |
| Trabajo para | Satisfacer sólo las necesidades básicas | Servir a Cristo | Hacerme rico |
| La gente piadosa es | Pobre | Fiel | Rica |
| El impío es | Rico | Infiel | Pobre |
| Yo doy | Porque debo dar | Porque amo a Dios | Para obtener |
| Mi gasto es | Sin gratitud a Dios | En oración y sentido de responsabilidad | Despreocupado y destructivo |

## INSTRUCCIONES PARA AQUELLOS QUE SON PRÓSPEROS

¿Es usted rico? Algunas veces yo me siento rico y otras no. Usualmente depende de quién me rodea. La mayoría de nosotros define a una persona rica como una persona que tiene más dinero del que nosotros tenemos. Pero si comparamos nuestro estándar de vida al de toda la gente que ha vivido a través de la historia o con billones de personas que viven en la tierra actualmente, la mayoría de quienes vivimos en esta nación somos ricos.

El Señor sabía que el rico enfrentaría un grave peligro espiritual. Por tanto, las Escrituras ofrecen tres instrucciones para quienes son ricos en este mundo.

### 1. No sea orgulloso.

*"Exige a los ricos que no sean arrogantes ni confíen en las riquezas"* (1 Timoteo 6:17). La riqueza tiende a producir orgullo. Por varios años, yo conduje dos vehículos. El primero era una vieja camioneta pickup que costó $100 dólares. ¡Esta lucía como si hubiera costado $100! Cuando conduje la camioneta a la ventanilla de servicio del autobanco para cambiar un cheque, yo tenía una actitud humilde. Sabía que la cajera iba a revisar mi cuenta dos veces para asegurarse de que el conductor de la camioneta tenía suficientes fondos para hacer el retiro. Esperé pacientemente mientras ella analizaba. Cuando revisé el dinero, estaba agradecido. Conduje alejándome con una canción en mi corazón y alabanzas en mis labios.

Mi otro vehículo era un auto de segunda mano, bien conservado, que fue costoso cuando era nuevo. Cuando conduje este auto al banco, yo parecía ser una persona diferente. Sentía que merecía cierto grado de respeto. No fui tan paciente cuando la cajera examinó mi cuenta, y cuando recibí el dinero, no estuve tan agradecido. La riqueza estimula la arrogancia.

Santiago 1:9-10 aborda este asunto: *"El hermano de condición humilde debe alegrarse cuando su situación mejora, y el rico, cuando se ve rebajado, porque pasará como la flor del campo"*. Los pobres deben ser motivados como hijos del Rey de Reyes, mientras los ricos deben permanecer humildes porque la vida es corta. Si usted es rico, necesita el recordatorio constante de ser humilde ante el Señor y frente a otras personas.

## 2. No ponga la confianza en sus bienes.

*"Exige a los ricos que no sean arrogantes ni confíen en las riquezas que son siempre inseguras; que más bien confíen en Dios que nos proporciona todo generosamente para que lo disfrutemos"* (1 Timoteo 6:17). Esta ha sido una lucha tremenda para mí. Es fácil para nosotros confiar en los bienes tangibles que hemos acumulado. Sé que el dinero puede comprar bienes y servicios. Tiene tanto poder que es fácil ser engañados por el pensamiento de que el dinero provee nuestras necesidades y ofrece seguridad. El dinero puede llegar a ser nuestro primer amor. Nosotros tendemos a confiar en lo que vemos y no en el invisible Dios vivo. Por esta razón, nosotros necesitamos recordar constantemente que caminamos por la fe, no por la vista.

## 3. Dé generosamente.

*"Que practiquen el bien, que se hagan ricos en buenas obras, que den de buen corazón, que sepan compartir. De esta forma amontonarán un capital sólido para el porvenir y conseguirán la vida verdadera"* (1 Timoteo 6:18-19).

"Los Evangelios están llenos de ejemplos del favor de Dios enfocado en el pobre, no en el rico. Jesús llega al mundo en un establo y vive en una familia de la clase trabajadora. San José era un obrero, no un trabajador de la madera fina. A través de los años ha habido muchos que han predicado el evangelio -desde la comodidad y la abundancia. Pero este no es el evangelio de Jesús. La mayoría de los santos que nacieron ricos tarde o temprano renunciaron a su riqueza" (www.catholic.com/ quickquestions/does-god-want-us-to-be-wealthy, Fr. Vincent Serpa O.P., Catholic Answers).

Uno de los antídotos más efectivos para la enfermedad potencial del amor al dinero es "establecer la línea final". Determine una cantidad máxima que usted desea acumular. Después de lograr su meta, dé el resto para construir el reino de Dios.

## CONTRASTE

**La sociedad dice:** La riqueza trae felicidad y seguridad, y puedo usarla para mi comodidad de cualquier manera que yo elija.

**Las Escrituras dicen:** La verdadera felicidad está basada en mi relación con Cristo. Sólo en Él confiaré. Si soy próspero, yo debo ser generoso y estar listo para compartir.

## COMPROMISO

Estudie la Biblia constantemente para mantener la perspectiva de Dios hacia el dinero y las posesiones.

# DIECISIETE
# CRISIS

## *Las tormentas de la vida*

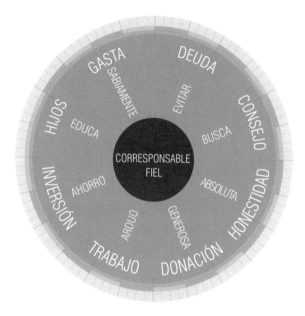

Tocaron a la puerta, y Bev y yo nos miramos uno al otro. ¿Sería él todo lo que soñamos?

Ambos corrimos a la puerta, la abrimos, y ahí estaba él. Pequeñito, hermoso, absolutamente precioso. De solo cuatro días de nacido, Andrés, el bebé que nosotros esperamos para adoptar, capturó nuestros corazones el preciso momento en que lo cargamos en nuestros brazos.

Varios meses después comenzamos a sospechar que Andrés tal vez podría tener algunos desafíos físicos. Trágicamente, su madre natural había sido adicta a fuertes narcóticos durante su embarazo, y los médicos descubrieron que él había nacido sólo con una fracción de su cerebro. Fueron momentos muy difíciles para nosotros, emocional, física y financieramente. Andrés requirió múltiples cirugías, y como sufría dolor constante requirió cuidados las 24 horas del día, lo cual llevó a Bev al agotamiento y casi al completo colapso físico.

Algunos desafíos se construyen lentamente y pueden ser anticipados; otros aparecen sin advertencia. Algunos se resuelven rápidamente; otros son crónicos. Algunos reflejan las consecuencias de nuestras acciones; otros están totalmente más allá de nuestro control. Algunas crisis impactan a una nación entera; otras son aisladas para nosotros como individuos.

La pérdida de trabajo, una enfermedad grave, el nacimiento de un hijo con necesidades especiales, un revés en el negocio, la muerte de un miembro de la familia, un robo de identidad, el alistamiento militar de quien es el soporte económico familiar, la apertura de un juicio hipotecario de la casa, la bancarrota o una crisis financiera mundial pueden aplicar una gran presión sobre nosotros y nuestras finanzas. Varios estudios revelan que muchos matrimonios simplemente no sobreviven al estrés de estas dificultades.

Yo llamo a estos desafíos las "tormentas de la vida". Mientras algunas de las tormentas son un poco más que una tempestuosa lluvia, otras se sienten como huracanes de categoría 5.

**Sólo recuerde una esto:** *no importar la clase de crisis, usted no la enfrenta solo. Jesucristo está con usted en cada paso del camino.*

Póngase en las sandalias de algunos, de la gente de Dios en la Biblia, que enfrentaron aterradoras tormentas de categoría 5. Job, en sólo pocas horas, perdió a sus hijos, sus recursos financieros y finalmente su salud. José fue vendido como esclavo y llevado a una prisión. Moisés y los hijos de Israel enfrentaron la aniquilación por la poderosa armada de Egipto en el Mar Rojo. Daniel fue lanzado al foso de los leones. Pablo fue sometido, apedreado y dejado por muerto en sus viajes misioneros. Y la lista continúa.

¡Aunque las tormentas son frecuentemente emocionales, nos infunden temor, y son dolorosas; si nosotros mantenemos la perspectiva de Dios, nosotros podemos sobrevivir y aun crecer a través de estos días de oscuridad!

## EL ROL DE DIOS

Cuando enfrentamos una crisis, nada es más importante que conocer quien es Dios, Su amor, cuidado, control y poder. Sólo la Biblia revela el verdadero grado de implicación de Dios en nuestros desafíos. Si nosotros tenemos una visión inadecuada o distorsionada de Dios y sus propósitos, entonces nosotros no abrazamos y aprendemos plenamente de nuestros desafíos. Más aún, nosotros renunciaremos a la paz, la satisfacción y aún al gozo que Dios pone a nuestra disponibilidad en medio de la tormenta.

## DIOS LE AMA

En 1 Juan 4:8 se resume la verdadera naturaleza de Dios: *"El que no ama no ha conocido a Dios, pues Dios es amor"*. Dios le ama, y a través de toda su vida permanece involucrado íntimamente con usted como individuo. En Salmos 139:17 se nos revela, *"Tus pensamientos Dios, cuánto me superan, qué impresionante es su conjunto. ¿Pormenorizarlos? Son más que las arenas, nunca terminaré de estar contigo"*. En otras palabras, ¡el Creador del universo está siempre pensando en usted!

Cuando usted piensa al respecto, Juan 15:9 tiene que ser uno de los versículos más alentadores de toda la Biblia. Jesús dice: *"Como el Padre me amó, así también los he amado yo; permanezcan en mi amor"*. ¡No pase por desapercibidas estas palabras! Profundice en las implicaciones por un momento. Considere cuánto ama Dios Padre a Dios Hijo. Ellos han existido siempre en la relación más cercana posible, con un profundo e insondable amor el uno por el otro. ¡Y Jesús dice que ¡le ama a usted de la misma manera!

En cualquier crisis es importante recordar el amor firme y fiel de Dios. ¿Por qué? Porque es muy fácil desalentarnos y hasta perder la esperanza en esos momentos. Es fácil olvidar el amor y cuidado de Dios por usted, especialmente cuando la adversidad inicia—o continúa por un periodo que nos parece una eternidad.

El profeta Jeremías estaba completamente desalentado. Él escribió: *"Acuérdate de mi miseria y vida errante, de mi ajenjo y amargor. Mi alma recuerda, si, y se me hunde"* (Lamentaciones 3:19-20). Pero entonces el recordó al Señor, *"Esto reflexiono en mi corazón, y por ello esperaré. El amor de Yavé no se ha acabado, ni se han agotado sus misericordias; se renuevan cada mañana. Si, su fidelidad es grande"* (Lamentaciones 3:21-23).

Es de gran ayuda reflexionar en pasajes como este: *"No corran tras el dinero, sino más bien confórmense con lo que tienen, pues Dios ha dicho: nunca te dejaré ni te abandonaré. Y nosotros hemos de responder confiados: el Señor es mi socorro, no temeré. ¿Qué pueden hacerme los hombres?"* (Hebreos 13:5-6), *"¿Quién nos separará del amor de Cristo? ¿Acaso las pruebas, la aflicción, la persecución, el hambre, la falta de todo, los peligros o la espada? Pero no; en todo eso saldremos triunfadores gracias a Aquel que nos amó"* (Romanos 8:35,37).

He descubierto que aun en una crisis, el Señor hará cosas que ofrezcan evidencia de Su amor y cuidado por nosotros. Considere a José. Mientras era un esclavo, *"El egipcio vio que Yavé estaba con José y hacía prosperar todo cuanto emprendía...*" *(*Génesis 39:3), por tanto su patrón lo encargó de todo lo que poseía. Más tarde en la prisión, *"pero Yavé lo asistió y fue muy bueno con él; hizo que cayera en gracia al jefe de la prisión..."* (Génesis 39:21).

## DIOS TIENE EL CONTROL

Como estudiamos anteriormente, al final Dios tiene el control de cada evento. Este es un ejemplo de los pasajes que afirman Su control: *"Nuestro Dios está en los cielos, Él realiza todo lo que quiere"* (Salmos 115:3). *"Tuya, oh Yavé, es la fuerza, la magnificencia, la duración y la gloria; pues tuyo es cuanto hay en el cielo y en la tierra"* (1 Crónicas 29:11). *"Todo lo que quiere lo hace el Señor, en los cielos y en la tierra, en los océanos y en todos los mares"* (Salmos 135:6). *"Yo digo y mis planes se cumplen, y todo lo que quiero se realizará"*. (Isaías 46:10). *"Para Dios nada es imposible"* (Lucas 1:37).

El Señor tiene el control aun de los eventos difíciles. *"Yo soy Yavé, y no hay otro más; yo enciendo la luz y creo las tinieblas, yo hago la felicidad y provoco la desgracia, yo, Yavé, soy el que hace todo esto"* (Isaías 45:6-7).

## DIOS TIENE UN PROPÓSITO PARA LA DVERSIDAD

La polilla Cecropia emerge de su capullo después de un esfuerzo largo y exhaustivo para liberarse a sí misma. Un niño, deseando ayudar a la polilla, abrió cuidadosamente el exterior del capullo. Pronto la polilla salió, pero sus alas estaban encogidas y no podían funcionar. Lo que el niño no sabía era que el esfuerzo de la polilla al liberarse a sí misma del capullo era esencial para desarrollar sus alas, y su habilidad para volar.

Al igual que el capullo de la polilla Cecropia, la adversidad juega una parte importante en nuestras vidas. Dios usa esos tiempos difíciles, algunas veces desoladores, para madurarnos en Cristo. Santiago 1:2-4 lo dice de esta manera: *"Hermanos, considérense afortunados cuando les toca soportar toda clase de pruebas. Esta puesta a prueba de la fe desarrolla la capacidad de soportar, y la capacidad de soportar debe llegar a ser perfecta, si queremos ser perfectos, completos, sin que nada nos falte".*

Muchas veces, las circunstancias desafiantes pueden trabajar para nuestro beneficio final. Romanos 8:28-29 nos dice, *"También sabemos que Dios dispone todas las cosas para bien de los que lo aman, a quienes Él ha escogido y llamado. A los que de antemano conoció, también los predestinó a ser imagen y semejanza de su Hijo, a fin de que sea el primogénito entre numerosos hermanos".* Y el bien fundamental que Dios obra en nuestras vidas es hacernos más como Cristo.

Nosotros vemos este mismo pensamiento en Hebreos 12:5-6, 10-11, *"...Hijo no te pongas triste porque el Señor te corrige, no te desanimes cuando te reprenda. Pues el Señor corrige al que ama y castiga al que recibe como hijo... Nuestros padres nos corregían sin ver más allá de la vida presente, tan corta, mientras que Él mira a lo que nos ayudará a participar de su propia santidad. Ninguna corrección nos alegra en el momento, más bien duele; pero con el tiempo, si nos dejamos instruir, traerá frutos de paz y de santidad".* Dios no comete errores. Él sabe exactamente lo que quiere que nosotros seamos, y también conoce exactamente lo que es necesario para que se produzca ese resultado en nuestras vidas.

El Catecismo nos enseña, "El Padre que nos dio la vida puede no menos que darnos el alimento que la vida requiere – todos los bienes y bendiciones apropiadas, materiales y espirituales".

"Para aquellos que buscan el reino de Dios y su justicia, él ha prometido dar todo lo demás por añadidura. Puesto que todo pertenece indudablemente a Dios, el que posee a Dios no anhela nada, no se encuentra a sí mismo anhelando ante Dios" (San Cipriano, de Dom. Orac. 21:PL 4, 534A.) (CCC 2830).

Bev y yo nos hemos fortalecido y beneficiado de muchas tormentas. Una de ellas, la que rodeo las circunstancias del nacimiento de Andrés sin gran parte de su cerebro hasta su muerte, 11 años después, nos atrajo mucho más cerca el uno del otro y del Señor. A través del crisol de nuestro dolor y nuestras lágrimas, muchas de las verdades de la Biblia transformaron de tenues teorías a sólidas realidades. Empezamos a captar cuán profundamente Dios nos amó y cuidó de Andrés y de nosotros. Aunque no deseamos que esta experiencia se repita, nosotros estamos enormemente agradecidos por la manera en que el Señor usó nuestras vidas.

Con frecuencia, en circunstancias difíciles, nuestra única alternativa es volver a Dios. San Agustín escribe, "Cuando estoy totalmente unido a ti no habrá más dolor o pruebas: completamente lleno de ti, mi vida estará completa".

No olvide este punto. Usted y yo necesitamos reconocer las dificultades como oportunidades para crecer en la persona que Dios quiere que seamos. En la adversidad nosotros aprendemos cosas que no podríamos aprender de otra manera.

Se lo que usted está pensando... "Es fácil para ti decirlo, Howard. Tú no tienes idea de lo que hemos pasado". De acuerdo. Pero entonces, puedo decir, "Usted no tiene idea de lo que hemos pasado durante nuestros 40 años de matrimonio". Y hasta ahora, el Señor Jesús ha estado con nosotros en cada crisis, cada pena, cada decisión difícil. Cada uno de estos incidentes, por doloroso que fuera, nos acercó más a Él y nos acercó más el uno al otro.

Debe ser reconfortante para usted saber que su Padre celestial está en control absoluto de cada situación que usted enfrente. Él trata de usar cada circunstancia para un buen propósito. En 1 Tesalonicenses 5:18 se expresa muy bien, *"Y den gracias a Dios en toda ocasión, esta es, por voluntad de Dios, su vocación de cristianos"*.

## UN DIOS CONFIABLE

Nosotros debemos ver las crisis a través de los lentes del amor, fidelidad y control de Dios.

Cuando Bev llegó al punto del agotamiento total atendiendo a Andrés, supimos que sería físicamente imposible para nosotros cuidar de él por nosotros mismos. Con la desesperada necesidad de descansar y recuperarnos, decidimos internarlo en una unidad especializada en el cuidado de niños con discapacidades graves.

Esta fue una etapa profundamente emocional. Lloramos abiertamente en la sala de admisión. Entonces miré y observé un cuadro de Jesús colgado en la pared. Cuando miré la pintura, pude reflexionar en Su fidelidad y experimenté paz en mi corazón. Cuando miré lejos y pensé sólo en las circunstancias, mis lágrimas fluyeron. En ese momento, experimenté la realidad de Isaías 26:3: *"...la gente buena que cumple fielmente y se queda firme. Tú la guardas en paz porque confía en Ti"*.

La Biblia es muy clara en que Dios ofrece seguridad sólo en Él mismo—no en el dinero, ni en las posesiones, ni en la carrera; tampoco en otra gente. Las cosas externas ofrecen la ilusión de seguridad, pero sólo en el Señor podemos confiar plenamente. *"Yavé es bueno; para los que en él confían, es un refugio en el día de la angustia. Conoce a los que en él confían y los salva de las aguas embravecidas"* (Nahúm 1:7). *"Me hostigan todo el día y miran como me debato. ¡Qué numerosos son mis adversarios! En Ti pondré oh Altísimo mi confianza el día que tenga miedo"* (Salmos 56:3-4).

## EL OJO DE LA TORMENTA

Hay varias cosas que podemos hacer para sobrevivir—y aún para crecer—cuando nos encontramos en la tormenta.

## Tener nuestra casa financiera en orden.

Yo he estado cerca de muchas personas que enfrentan tormentas financieras desgarradoras. Y la primera pregunta que hacen es: ¿Cómo puedo resolver el problema?

Jesús responde esta pregunta en Mateo 7:24-25: *"Si uno escucha estas palabras mías y **las pone en práctica** [Cursiva nuestra], dirán de él: tienen al hombre sabio y prudente, que edificó su casa sobre roca, cayó la lluvia, se desbordaron los ríos, soplaron los vientos y se arrojaron sobre aquella casa, pero la casa no se derrumbó porque tenía los cimientos sobre roca"*.

La clave para resolver sus problemas financieros es aprender y aplicar la manera de Dios de manejar el dinero. Es así de simple. Por eso es que este libro es tan importante. Cuando usted lo termine conocerá el marco de Dios para manejar el dinero. Aunque, conocerlo es sólo la mitad de lo que usted necesita. La otra mitad es aplicar lo que ha aprendido. Puede tomar un largo tiempo y mucho esfuerzo navegar en la tormenta, pero usted conocerá las bases de lo que debe hacer.

Una parte de lo que usted ha aprendido es a ser un donador generoso. Cuando enfrenta una crisis financiera la tendencia es aferramos fuertemente a lo que tenemos, y somos menos generosos. Un pasaje clave en el libro de los Hechos de los apóstoles, nos muestra una manera diferente. En los Hechos de los apóstoles 11:28-29 nosotros leemos: *"Uno de ellos llamado Agabo, dio a entender con gestos proféticos que una gran hambre vendría sobre todo el mundo, la que de hecho sobrevino en tiempos del emperador Claudio. Entonces cada uno de los discípulos empezó a ahorrar de acuerdo a sus posibilidades. Destinando esta ayuda a los hermanos de Judea"*.

Piense en lo siguiente. El Espíritu Santo reveló a través del profeta que una hambruna vendría pronto y su primera reacción fue ¡salir de sus gastos y compartir! No permita que una crisis o una crisis inminente, le detenga de permanecer generoso. Tal vez no sea capaz de dar tanto como antes de la crisis, pero done de acuerdo a sus posibilidades.

Es importante evaluar rápidamente cómo impactarán las circunstancias sus finanzas y hacer los ajustes necesarios de cualquier disminución de ingreso o de incremento en los gastos. ¡No olvide la comunicación! Háblelo con al Señor, y si es casado, díganse el uno al otro sus sentimientos y preocupaciones. ¿Qué importancia tiene esto? Es importante programar un tiempo cada día para compartir, así pude alentarse uno al otro. Bev y yo descubrimos que una crisis no tiene que dañar nuestro matrimonio; de hecho, puede ser un catalizador para mejorarlo. Estoy convencido totalmente de que Dios intenta que las parejas crezcan unidas en las crisis en lugar de permitir que las dificultades dañen su matrimonio.

**Nunca atraviese una tormenta solo.**

No deseo repetir la recomendación del capítulo "Consejo," sólo quiero enfatizar la importancia de no ir solo. Es casi imposible tomar decisiones más inteligentes en solitud cuando se experimenta una crisis.

Busque el consejo de personas que hayan pasado situaciones similares. Usted encontrará fortaleza no sólo de su apoyo emocional, sino también de su experiencia. Hay gente a su alrededor que ha tenido que luchar con serias tormentas en su vida, y usted puede beneficiarse de su conocimiento y aprender de los errores para evitarlos y de sus recursos para ayudar. Pida a su iglesia y amigos orar; es su contribución más poderosa.

**Viva un día a la vez.**

Robert Johnson hizo un negocio de construcción extraordinariamente exitoso partiendo de cero. Él era generoso en extremo y disfrutó de una maravillosa reputación. Entonces vino la devastadora crisis financiera de 2008—afectando catastróficamente su negocio y empujándolo al borde de la bancarrota.

Por la confianza que me tenía, un día Robert me dijo, "en una crisis, la tendencia es mirar adelante y agobiarse con todos los problemas. Nosotros podemos planificar para el futuro, pero por nuestra salud mental y emocional debemos seguir lo que Jesucristo nos dijo: *"No se preocupen por el día de mañana, pues el mañana se preocupará por sí mismo. A cada día le bastan sus problemas"* (Mateo 6:34).

¡Viva enfocado en el presente! Y si la crisis se hace severa, enfóquese en un momento a la vez, en una relación cercana con Cristo. Esto no es un "escape de la realidad", por el contrario; es una manera práctica de estar cerca del único que puede ayudarnos a través del desafío.

**Sea paciente, espere por el tiempo de Dios.**

Las expectativas pueden ser nocivas durante una crisis. Cuando asumimos que el Señor resolverá nuestros problemas de cierta manera y en cierto tiempo, nos predisponemos a a la decepción y la frustración.

Alguien describió la paciencia como: "aceptar una situación difícil sin dar a Dios un plazo para removerla". Recuerde que el propósito fundamental de Dios al permitir una crisis es, en primer lugar, unirlo a Jesucristo. Él trabaja en su vida y sabe exactamente cuánto tardará en producir los resultados que él desea. Eclesiastés 3.1 dice, *"Hay bajo el sol un momento para todo, y un tiempo para hacer cada cosa"*.

El finado Larry Burkett solía decir con una sonrisa, "Dios raramente está temprano, pero él nunca llega tarde". Sea paciente. Sea cuidadoso de no establecer plazos para que Dios actúe.

Trabaje diligentemente para resolver sus problemas, reconociendo que usted necesita minuto a minuto la ayuda y consejo del Señor que le ama. Filipenses 4:6-7 es uno de mis pasajes favoritos de la Biblia cuando enfrento dificultades. Cada frase está llena de significado. *"El Señor está cerca, no se inquieten por nada, antes bien, en toda ocasión presenten sus peticiones a Dios y junten la acción de gracias a la súplica. Y la paz de Dios que es mayor de lo que se puede imaginar, les guardará sus corazones y sus pensamientos en Cristo Jesús".*

**Perdone a otros.**

Imagine que usted es un adolescente, amado profundamente por su padre. Sus hermanos lo venden como esclavo, y por los 13 años siguientes usted es esclavo y prisionero. Sorprendentemente, un día increíble, usted se encuentra en el segundo puesto político de la nación más poderosa del mundo. Varios años después, sus hambrientos hermanos — quienes una vez le traicionaron — le suplican por alimento. ¿Cuál es su respuesta? ¿La venganza o el perdón?

Esta es la pregunta que José debió responder. Él decidió perdonar. ¿Cómo fue capaz de hacer esto? Porque reconoció que Dios había dirigido sus circunstancias—aun aquellas que fueron gravemente traumáticas y dolorosas. *"Dios, pues, me ha enviado por delante de ustedes, para que nuestra raza sobreviva en este país. Ustedes vivirán aquí hasta que suceda una gran liberación; no han sido ustedes sino Dios quien me envió aquí..."* (Génesis 45:7-8).

Dios sabe cuán critico es para nosotros perdonar a quienes están involucrados en las causas de nuestras crisis, a pesar de sus motivos. Una de las características más impresionantes de Jesucristo fue su disponibilidad para perdonar. Imagine, colgado en una cruz, en dolorosa agonía, y al mismo tiempo orando por aquellos que le crucificaron: *"Padre, perdónalos, porque no saben lo que hacen"* (Lucas 23:34).

Cuando el apóstol Pedro preguntó a Jesús si él debía perdonar a alguien siete veces, Jesús respondió, *"No te digo siete, sino setenta y siete veces"* (Mateo 18:22). Entonces compartió una parábola acerca del servidor a quien le fue perdonada una gran deuda por su maestro pero se rehusó a perdonar una pequeña deuda a un compañero sirviente. *"Y tanto se enojó el Señor, que lo puso en manos de los verdugos hasta que pagara toda la deuda. Y Jesús añadió: lo mismo hará mi Padre con ustedes, a no ser que cada uno perdone de corazón a su hermano"* (Mateo 18:34-35).

Para crecer más a semejanza de Cristo y experimentar los beneficios que él pretende para nosotros durante una crisis, nosotros debemos perdonar. Y más que perdonar, nosotros debemos ser amables, compasivos, y tratar de ser una bendición. *"Más bien sean buenos y comprensivos unos con otros, perdónense mutuamente como Dios los perdonó en Cristo"* (Efesios 4:32). *"No se devuelvan mal por mal, ni insulto por insulto; más bien bendigan, pues para esto han sido llamados; y de este modo recibirán la bendición"* (1 Pedro 3:9).

La carencia de perdón puede ser una batalla diaria, particularmente si la crisis nos ha lastimado demasiado. Pero la crisis lastima a la persona que se niega a perdonar. Mi esposa Bev lo describe como un veneno que consume y espera a que la otra persona muera. Cuando nos negamos a perdonar, el resentimiento en nuestro corazón puede hacerse tóxico, consumir nuestros pensamientos y devorar nuestra salud emocional. Por el contrario, perdonar y buscar bendecir a la otra persona, nos guía a la libertad.

Es fundamental orar con regularidad para que el Señor nos dé el deseo de perdonar, y por consiguiente, nos dé Su amor por la gente que pueda hacernos hecho daño. Jesús nos dice que también oremos por ellos, *"Pero yo les digo: amen a sus enemigos y recen por sus perseguidores"* (Mateo 5:44). Es difícil permanecer resentido hacia alguien por quien usted ora habitualmente.

## DESAFÍOS COMUNES

Examinemos dos de los desafíos financieros más comunes que la gente enfrenta.

### Pérdida del trabajo.

Perder su trabajo es uno de los eventos de rango más estresantes en la vida—no sólo para usted sino para su esposa si usted es casado. Reúnanse tan pronto como sea posible después de la pérdida del trabajo y discutan las maneras de minimizar el impacto emocional y financiero para ambos. Motívense uno al otro porque frecuentemente una pérdida de trabajo es una bendición oculta. Dios tal vez le dé la oportunidad de tener una carrera mejor. Así como también, elevar su fe al experimentar que Él provee sus necesidades, aun sin tener trabajo.

Enseguida, formule un plan de acción para la búsqueda de trabajo—desde el envío de su currículum hasta la interacción con sus amigos. Cuando usted pierde un trabajo, su trabajo de tiempo completo, usted debe encontrar un nuevo trabajo.

Además de reducir sus gastos en artículos opcionales, hay dos metas financieras para tener presentes. Primero, haga un esfuerzo para evitar usar la deuda para los gastos diarios de su vida. Mucha gente maquilla la situación real usando la deuda para financiar los gastos actuales. Tome decisiones acertadas y firmes, para no gastar un centavo que no tenga una razón sólida. Cada centavo prestado debe ser pagado con interés. Recuerde que gastar es fácil, pero la devolución siempre es un trabajo difícil.

Segundo, haga lo que pueda por mantener el seguro médico. Usted tal vez pueda cubrir la póliza de su seguro médico a través del plan de su empleador anterior. Si no, busque consejo a otros sobre la cobertura de un seguro a un costo eficiente.

**Enfermedad o accidente.**

Si usted sufre una enfermedad grave o un accidente, es un doble golpe. Los gastos médicos se acumulan mientras el ingreso disminuye. Si las condiciones son tan severas que amenazan el empleo en el futuro, usted necesitará hacer ajustes permanentes. Si el seguro médico o la cubierta de discapacidad fuera inadecuada, podría ser económicamente catastrófico.

Si usted es casado, esté preparado para la posibilidad de que uno de ustedes tal vez necesite tomar importantes decisiones sin la opinión del otro. Bev y yo hemos decidido que si uno de nosotros se enferma seriamente, el otro tomará las decisiones financieras y relacionadas a la salud. Ambos conocemos la ubicación de todos los registros importantes y sabemos cómo usarlos.

No se avergüence de dar a conocer sus necesidades a su familia, sus amigos y su iglesia. Extiéndales la oportunidad de ayudar a satisfacer sus necesidades. Dar a aquellos en necesidad es una gran parte de lo que significa seguir a Cristo. Gálatas 6:2 nos recuerda, *"Lleven las cargas unos de otros, y así cumplirán la ley de Cristo"*.

## PREPÁRESE PARA LAS TORMENTAS FUTURAS

Usted no puede prevenir cada dificultad, pero puede prepararse para sobrevivirlas construyendo una sólida relación con el Señor, y con su esposa — si usted es casado — y para mejorar sus finanzas. Entre más saludables sean sus finanzas, mejor estará capacitado para sobrevivir. Proverbios 27:12 dice, *"El hombre cuidadoso advierte el peligro y se pone a salvo; los ingenuos siguen adelante y lo pagan"*.

Entre más tiempo invierta usted tratando de conocer a Dios y lo que él revela en la Biblia—y aplicando lo que usted ha aprendido—mejor preparado estará usted para el tiempo de las tormentas de la vida.

Uno de los mayores beneficios de progresar en su camino a la verdadera libertad financiera es que este provee un margen financiero cuando se encuentre frente a una crisis inesperada. En el tiempo en que Andrés nació, nosotros habíamos pagado todas nuestras deudas, incluso la hipoteca. A pesar de que estábamos libres de deuda en aquel momento, sabíamos que sus gastos médicos podrían ser un desafío. Y lo fueron. Nuestra libertad de las deudas, nos ayudó a enfocarnos en atender los problemas de Andrés y uno en el otro.

## CONTRASTE

**La sociedad dice:** Si yo tengo una crisis el gobierno debe venir a mi rescate.

**Las Escrituras dicen:** Una relación cercana con Dios es nuestra fortaleza en tiempos de crisis.

## COMPROMISO

Evalúe sus gastos y el presupuesto que he creado para estar preparado para una crisis.

# DIECIOCHO

# RESUMIENDO TODO

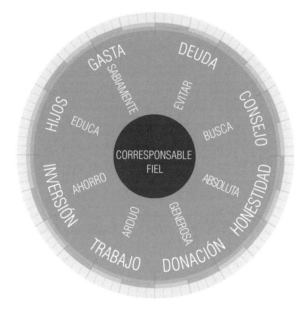

Al inicio de este libro nosotros preguntamos por qué habla tanto la Biblia acerca del dinero—más de 2.500 versículos. El Señor sabía que la manera como manejamos el dinero ayudaría a determinar la intimidad de nuestra relación con Él. El Señor quería también proveernos de una propuesta para manejar el dinero para que así pudiéramos ser fieles en esta área práctica de la vida.

La verdad fundamental para nosotros, es entender que Dios ha retenido las responsabilidades de propiedad de las posesiones, el control de los eventos y la provisión para las necesidades. Como personas, nosotros no estamos diseñados/as para llevar estas responsabilidades. Por lo tanto, el Señor nos delegó ciertas tareas importantes como corresponsables.

Revise el diagrama de la página anterior y las ocho áreas de su responsabilidad.

**La fidelidad financiera es un camino—no se desanime.**

Toma tiempo aplicar los principios financieros de Dios en nuestra vida. Es fácil desanimarse. Cuando usted termine este libro, tal vez sus finanzas no estén completamente bajo control. No se sienta frustrado/a. A una persona promedio le toma un año a aplicar la mayoría de estos principios. Nuevamente, deseo alentarle a que forme parte de los grupos de estudio *Compass Catholic*. Esta es una excelente manera de recibir motivación y ayudarle en la implementación de estos principios.

**La fidelidad en los pequeños asuntos es importante.**

Debido a la falta de recursos mucha gente se frustra por su incapacidad para resolver sus problemas financieros. Recuerde: Sea fiel simplemente con lo que usted tiene — sea mucho o poco.

Algunas personas renuncian demasiado pronto. Abandonan la meta de estar libres de deudas. Ellas cesan en el intento de aumentar su ahorro o su donación. Para ellas la tarea parece imposible; y podría serlo sin la ayuda de Dios. Su trabajo es hacer un esfuerzo honesto, no importa cuán pequeño pueda parecer. Entonces déjele el resultado a Dios. No se desaliente. Sea diligente. Sea persistente. Sea fiel, aún en los más pequeños asuntos.

Un buen amigo me preguntó una vez cuál era la lección más valiosa que yo había aprendido del grupo de estudio *Compass*.

Desde entonces he tenido tiempo para reflexionar a esta pregunta. Pienso que la lección más valiosa ha sido el entendimiento que necesité para revisar las Escrituras constantemente. Yo lo noté en la preparación para la clase. Si yo hubiera invertido un poco de tiempo estudiando la Biblia durante las semanas anteriores, habría descubierto que yo había sido moldeado, aunque sutilmente, por las opiniones de nuestra cultura. Romanos 12:2 presenta este problema y la solución: *"No sigan la corriente del mundo en que vivimos, sino más bien transfórmense a partir de una renovación interior"*. La única manera para nosotros renovar nuestras mentes (descubrir y preservar la perspectiva correcta) es estudiar con regularidad las Escrituras.

La Biblia tiene las respuestas a los problemas financieros del sofisticado siglo XXI. Los principios eternos de las Escrituras son prácticos en cualquier cultura y en cualquier siglo.

## CONTENTAMIENTO

Al principio de este libro yo dije que uno de nuestros objetivos era que usted aprendiera a estar contenido. En 1 Timoteo 6:8, Pablo emite esta desafiante declaración: *"Conformémonos entonces con tener alimento y ropa"*. Analice este pasaje cuidadosamente. Dice que si usted tiene alimento y ropa (ropa y albergue), usted debe estar satisfecho. Nuestra cultura ha parafraseado este versículo para ser leído en algo como esto: Si usted puede tener acceso a los alimentos más finos para comer, usar los modelos de ropa de última moda, conducir el auto de lujo más novedoso y vivir en una hermosa casa en la sección más bonita de la ciudad, entonces usted puede ser feliz". Nada podría estar más alejado de la verdad.

Como corresponsables cristianos, nosotros recibimos los dones de Dios con agradecimiento, los cultivamos responsablemente, los compartimos amorosamente en justicia con otros y los devolvemos al Señor con incremento. (Corresponsabilidad: La Respuesta del Discípulo, USCCB, Apéndice 1)

Hay tres elementos para aprender a estar satisfechos:

- Conocer lo que Dios requiere de un corresponsable.

- Cumplir esos requisitos fielmente.

- Confiar en que Dios hace Su parte.

Cuando nosotros entendemos las responsabilidades de Dios y hemos sido fieles en cumplir nuestras responsabilidades como corresponsables, nosotros podemos estar satisfechos. Nuestro amoroso Padre celestial nos confiará las posesiones que él sabe que serán lo mejor para nosotros en algún momento particular—sea mucho o poco.

El contentamiento Bíblico no puede ser comparado con la pereza, la complacencia, la insensibilidad social ni la apatía. Porque nosotros servimos al Dios vivo y dinámico, los cristianos debemos estar siempre mejorando. El contentamiento no excluye la ambición motivada apropiadamente. Nosotros hemos descubierto ya que Dios quiere que trabajemos arduamente. Nosotros debemos tener un deseo ardiente de ser corresponsables fieles de los talentos y posesiones que él nos ha confiado. El contentamiento Bíblico es una paz interior que acepta que Dios ha elegido nuestra vocación actual, nuestra estación de la vida y nuestro estado financiero. Hebreos 13:5 enfatiza esto: *"No corran tras el dinero, sino más bien confórmense con lo que tienen, pues Dios ha dicho: nunca te dejaré ni te abandonaré".*

### ¡AHORA ES EL TIEMPO!

Como lo mencioné antes, Dios me reveló que América experimentaría tiempos financieros muy difíciles durante el trascurso de mi vida, y no creo que hayamos visto lo peor, aún con lo que ha pasado recientemente.

Usted conoce ahora el marco bíblico para manejar el dinero. ¡Quisiera rogarle que aproveche esta oportunidad! Sea diligente es sus esfuerzos de liberarse de la deuda, dé generosamente, haga un presupuesto persistentemente y trabaje como si lo hiciera para el Señor. Sea un corresponsable fiel poniendo en orden sus finanzas a la manera de Dios.

Es claro que la tormenta económica va a explotar contra la casa financiera de esta nación. Si usted construyó su casa sobre los sólidos principios encontrados en la Biblia, no solo sobrevivirá financieramente, sino que estará en la posición de ayudar a otros menos afortunados.

Aprecio infinitamente el esfuerzo que usted ha invertido en leer este libro. Rezo para que éste le haya dado una mayor apreciación de la Biblia, le haya ayudado a ser financieramente más saludable, y sobre todo, que haya nutrido su amor por Jesucristo. Que el Señor le bendiga abundantemente en cada manera en la usted se acerque a Él.

# PREGUNTAS Y RESPUESTAS

Esta sección trata algunas de las preguntas más frecuentes y a veces controversiales. Cuando las Escrituras no dan específicamente una respuesta a la pregunta, ofreceré mi opinión para estimular su pensamiento.

**Pregunta: ¿Cuál es la perspectiva de Dios sobre pagar impuestos?**

**Respuesta:** Esta es la misma pregunta que le fue hecha a Jesús: *"¿Está permitido pagar impuestos al César o no? Jesús vio su astucia y les dijo: Muéstrenme una moneda, ¿de quién es esa cara y el nombre que tiene escrito? Le contestaron, del César. Entonces les dijo: Pues bien devuelvan al César las cosas del César y a Dios lo que corresponde a Dios"* (Lucas 20:22-25).

Este es un claro ejemplo del contraste de nuestra sociedad y las enseñanzas de las Escrituras. La mayoría de la gente piensa evitar a toda costa pagar impuestos. Después de todo, el gobierno desperdicia una gran parte del dinero que recibe.

Existe una línea muy fina entre evitar y evadir el pago de impuestos, y muchos experimentan una fuerte tentación por sustraer fondos que legalmente se deben al gobierno. Se estima que $100 billones al año se pierden a través de la evasión de impuestos.

No estoy justificando el desperdicio y el exceso encontrado en el gobierno. En efecto, creo que un ciudadano debe tratar de influir en el gobierno para que sea más eficiente y proactivo. Sin embargo, la Biblia nos dice acerca de una responsabilidad adicional: ¡pague sus impuestos! *"Cada uno en esta vida debe someterse a las autoridades. Pues no hay autoridad que no venga de Dios, y los cargos públicos existen por voluntad de Dios...por la misma razón pagan los impuestos, y deben considerar a quienes los cobran como funcionarios de Dios. Den, pues, a cada uno lo que corresponde..."* (Romanos 13:1, 6-7).

**Pregunta: ¿Cómo define la Biblia el éxito financiero?**

**Respuesta:** De acuerdo a las Escrituras, el éxito financiero es logrado siendo un corresponsable fiel. Este no es el estándar usado por la mayoría de la gente para juzgar el éxito. Habitualmente, entre más riqueza haya acumulado una persona, más será considerada él como exitosa. Pero, de acuerdo a la Biblia es imposible decir si una persona es "exitosa" al ver sus circunstancias externas, sus posesiones o su posición. Si nosotros hubiéramos visto a José o a Pablo en prisión, a Daniel en el foso de los leones o a Job en los momentos de su aflicción, muchos de nosotros ¿les habríamos considerado exitosos?

La definición de éxito que provee el diccionario Webster's es "el grado o medida de alcanzar el fin deseado". De acuerdo a las Escrituras el fin deseado para nosotros es ser corresponsables fieles. Después de cumplir nuestra responsabilidad de ser corresponsables fieles, depende de Dios decidir si nos encomienda riqueza o no.

**Pregunta: ¿Es permitido para un Cristiano ser ambicioso?**

**Respuesta:** Las Escrituras no condenan la ambición. Pablo fue ambicioso. *"Pero al final, sea que conservemos esta casa o la perdamos, lo que nos importa es agradar al Señor. Pues todos hemos de comparecer ante el tribunal de Cristo, para recibir cada uno lo que ha merecido en la vida presente por sus obras buenas o malas"* (Corintios 5:9-10).

Lo que es censurado firmemente es la ambición egoísta. *"Pero si te vuelve amargo, celoso, peleador, no te fíes de ella, que eso sería mentira. Esa clase de sabiduría no viene de arriba sino de la tierra, de tu propio genio y del demonio. Y donde hay envidia y ambición habrá también inestabilidad y muchas cosas malas"* (Santiago 3:14-16).

La Biblia no es enemiga de la ambición, sólo del tipo de ambición equivocado. Nuestra ambición debe ser motivada fuera del deseo ególatra. *"¿Y tú reclamas para ti cosas extraordinarias? No reclames tanto pues voy a descargar calamidades sobre todos los mortales..."* (Jeremías 45:5). Nuestra ambición debe complacer a Cristo. Nosotros debemos tener un deseo ardiente de ser, gradualmente, corresponsables fieles en el uso de las posesiones y habilidades que Dios nos ha confiado.

**Pregunta: ¿Deben las esposas tener un trabajo fuera de la casa?**

**Respuesta:** Por muchas razones, las mujeres se han involucrado en toda clase de trabajos. Las mujeres casadas trabajan para proveer un ingreso adicional para sus familias, para expresar su creatividad o disfrutar el ambiente de trabajo. Las mujeres viudas o divorciadas deben trabajar para proveer de sus necesidades. Un estudio de la Universidad de Stanford muestra que las esposas que trabajan fuera de la casa llevan una carga especialmente pesada de responsabilidad. Con su trabajo y sus actividades domésticas, estas esposas trabajan de 70 a 80 horas a la semana.

En mi opinión, durante los primeros años de formación de los hijos, es preferible que la madre esté en casa todo el tiempo que los hijos estén en casa. En Tito 2:4-5 se lee: *"Así enseñarán a las jóvenes a amar a su marido y a querer a sus hijos, a ser juiciosas y castas, a cuidar bien de su hogar, a ser buenas y obedientes a sus maridos"*. Es ideal para las madres de niños pequeños limitarse a trabajar fuera de la casa durante el tiempo en el que los hijos no estén en casa a menos que la economía de la familia dependa de su ingreso. Al madurar los hijos, la esposa aumentará su libertad para realizar trabajos fuera de la casa. En Proverbios 31:10-27 nosotros leemos:

*Una mujer de carácter ¿dónde hallarla?... Es mucho más preciosa que una perla....Le reporta felicidad sin altibajos, todos los días de su vida. Ella se ha conseguido lana y lino porque trabaja con manos hacendosas. Como los barcos de los comerciantes, hace que el pan venga de lejos. Se levanta cuando aún es de noche para dar de comer a los de su casa. ¿Tiene idea de un campo? Ya lo compró: una viña que pagó con su trabajo...sus manos se ocupaban en la rueca, al uso sus dedos daban vuelta. Le tendió la mano al pobre...para ella hizo cobertores, y lleva un vestido de lino y de púrpura. Su marido es conocido entre los oficiales, porque se sienta entre los ancianos del país. Vende telas que ha teñido, hasta el comerciante le compra un cinturón...Atenta a las actividades de su mundo, no es de aquellas que comen sin trabajo.*

Proverbios 31 pinta un hermoso cuadro de la esposa trabajadora quien vive una vida balanceada con el objetivo de su actividad hacia el hogar. Mi opinión es que el trabajo de la esposa no es tanto en la casa como lo es para la casa. La Biblia no dice que la esposa deba estar confinada entre cuatro paredes, sino que describe a una mujer involucrada en actividades que se relacionan al hogar.

Algunas mujeres han sido dotadas como amas de casa. Sin embargo, otras tienen el deseo de trabajar fuera de la casa. Bien sea que la esposa trabaje fuera de la casa o no, es una decisión que esposo y esposa deberán tomar piadosamente y en común acuerdo.

Si la esposa trabaja para proveer más ingreso para la familia, es importante analizar exactamente, cuánto ingreso de su trabajo contribuye a la familia, después de impuestos y gastos. Las parejas con frecuencia se sorprenden al aprender que este ingreso algunas veces no es como ellos esperaban.

**Pregunta: ¿Qué nos dice la Biblia acerca de asociarse?**

**Respuesta:** En 2 Corintios 6:14-17, nosotros leemos:

*"No se emparejen con los que rechazan la fe: ¿podrían unirse la justicia y la maldad? ¿Podrían convivir la luz y las tinieblas?... ¿Qué unión podría haber entre el que cree y el que ya no cree? Por eso, salgan de en medio de ellos y apártense dice el Señor."*

Las Escrituras desalientan ciertamente las sociedades de negocios con aquellos que no conocen a Cristo. Muchas personas han violado este principio y han sufrido financieramente.

En mi opinión nosotros debemos también ser muy cuidadosos antes de asociarnos con otro cristiano. Yo consideraría sólo a unas pocas personas como socios potenciales. He conocido a estas personas durante años y he observado su compromiso para el Señor. Conozco sus fortalezas y sus debilidades y les he visto manejar el dinero con fidelidad consistentemente. ¡No se apresure al formar una sociedad! Evalúe en oración lo que esto podría involucrar.

Antes de formar una sociedad, reduzca sus consideraciones y acuerdos a una forma escrita con su futuro socio. En este documento escrito provea un método para disolver la sociedad en caso de ser necesario. Si hay algún motivo por el que ustedes no puedan poner el acuerdo por escrito, no se asocien.

**Pregunta: ¿Por qué prosperan los malos?**

**Respuesta:** Esta es una pregunta inquietante que el pueblo de Dios se ha hecho por siglos. El profeta Jeremías preguntó al Señor, *"Yavé, tú siempre tienes la razón cuando yo hablo contigo, y sin embargo, hay un punto que quiero discutir: ¿por qué tienen suerte los malos y son felices los traidores?"* (Jeremías, 12:1).

El Salmista preguntó también por qué el malvado prosperó, y admitió tener envidia de ellos. La piedad no parece "dar resultado". Entonces el Señor reveló el fin de la persona malvada—súbito castigo eterno.

> *Dios se porta muy bien con Israel, con los que tienen puro el corazón. Pero yo, por poco mi pie no tropieza y mis pasos casi se resbalan; yo sentía envidia de los malos, viendo lo bien que le va a los impíos...Traté, pues, de poderlo comprender, pero era para mí cosa difícil. Pero un día penetré en los secretos de Dios y me di cuenta de cuál será su fin. Pues los pones en un lugar resbaladizo y los empujas al abismo. ¿Cómo? ¿Están en la ruina en un momento? Ya no están, trágico fue su fin* (Salmos 73:1-3, 16-19).

La Biblia nos dice que algunos de los impíos prosperarán, pero no dice por qué ellos prosperan. Sin embargo, lo que el Señor nos dice es que no nos preocupemos. No envidiar a la persona malvada que prospera, porque la vida en esta tierra es tan corta que desaparecerá rápidamente. *"No te acalores pensando en los malos, ni envidies a los que cometen maldad. Muy pronto se marchitarán como la hierba, se acabarán como el verdor de los prados"* (Salmos 37:1-2). Nosotros somos motivados a mantener la perspectiva eterna del Señor con su sistema eterno de valores.

**Pregunta: ¿Qué dice la Biblia acerca de las demandas?**

**Respuesta:** ¡Más de 22.000 demandas civiles son registradas diariamente en Estados Unidos! Desafortunadamente, en muchas de estas demandas riñen cristianos contra cristianos a un costo anual de millones de dólares.

Demandar parece ser un pasatiempo nacional: una mujer de Maryland demandó a un hombre de quien dijo que la golpeó con el pie en un baile. Ella quería $200.000 como compensación por la lesión y el tiempo perdido en el piso del salón de baile.

Un antiguo jugador de futbol profesional fue recompensado con $300.000 por la "lesión psicológica" que sufrió por haber sido llamado "gallina", por el equipo médico.

Hay numerosas razones para este torrente de demandas, incluso una avalancha de nuevas leyes y regulaciones. Más inquietante aún, la gente está cada vez menos dispuesta a perdonar.

El sistema de corte actual utiliza un proceso judicial antagonista, el cual crea frecuentemente rencores y fractura las relaciones entre las partes involucradas. En lugar de tratar de sanar las heridas, el sistema provee una solución técnica y legal al caso pero deja sin tratar los problemas de ira y la falta de perdón. El objetivo principal en una litigación es ganar. Aunque la Biblia acentúe que la meta debe ser la reconciliación. *"Por eso, si tú estás para presentar tu ofrenda en el altar, y te acuerdas de que tu hermano tiene algo contra ti, deja allí mismo tu ofrenda ante el altar, y vete antes a hacer las paces con tu hermano..."* (Mateo 5:23-24).

Las Escrituras dicen claramente que cuando los cristianos estén en conflicto uno con el otro, ellos no deben llevar sus disputas a través de las cortes seculares.

*"Cuando alguien de ustedes tiene un conflicto con otro hermano, ¿cómo se atreve a ir ante jueces paganos en vez de someter el caso a miembros de la Iglesia? ¿No saben que un día, nosotros los santos, juzgaremos al mundo? Y si a ustedes le corresponde juzgar al mundo, ¿serán incapaces de juzgar asuntos tan pequeños? ¿No saben que juzgaremos a los ángeles? ¿Y por qué no, entonces los problemas de cada día? ¡Pongan de jueces para esto a los más tontos de la comunidad! ¡Qué vergüenza! ¿Así que entre ustedes no hay ni uno solo entendido que pueda hacer de árbitro entre hermanos? Pero no; un hermano demanda a otro hermano y lleva la causa ante paganos. De todos modos ya es una desgracia que haya entre ustedes pleitos, pero, ¿por qué no mejor soportar*

*la injusticia? ¿Por qué no aceptar perder algo?"* (1 Corintios 6:1-7)

Se establece un procedimiento de tres pasos para que los cristianos resuelvan sus diferencias, en lugar de iniciar un pleito legal, en Mateo 18:15-17: *"Si tu hermano ha pecado, vete a hablar con él a solas para reprochárselo. Si te escucha has ganado a tu hermano. Si no te escucha, toma contigo una o dos personas más, de modo que el caso se decida por la palabra de dos o tres testigos..."*

**1. Vaya en privado.** La parte que cree que ha sido agraviada necesita confrontar a la otra persona en privado con su reclamo. Si la disputa continúa sin resolverse, entonces...

**2. Vaya con una o dos personas más.** La persona que se sienta agraviada debe regresar con testigos que puedan confirmar los hechos o ayudar a resolver la disputa. Si esto no tiene éxito, entonces...

**3. Acuda ante la Iglesia.** El tercer paso es la mediación o arbitraje ante un grupo imparcial en la iglesia o quizás un servicio local de mediación cristiana, si lo hay disponible en su área.

El beneficio más grande de seguir este procedimiento no es simplemente lograr una solución justa de la disputa, sino practicar el perdón, promover la justicia y demostrar el amor.

**Pregunta: ¿Qué dice el Señor acerca del favoritismo (la parcialidad)?**

**Respuesta:** La Biblia es clara. Estudie cuidadosamente a Santiago 2:1-9:

*Hermanos, si realmente creen en Jesús, nuestro Señor, el Cristo glorioso, no hagan diferencias entre personas. Supongamos que entra en su asamblea un hombre muy* bien vestido y con un anillo de oro y entra también un pobre con ropas sucias, y ustedes se deshacen en atenciones con el hombre bien vestido y le dicen: 'Tome este asiento, que es muy bueno', mientras que al pobre le dicen: "Quédate de pie o bien, Siéntate en el suelo a mis pies. *Díganme, ¿no sería hacer diferencias y discriminar con criterios pésimos?"*

*Miren hermanos, ¿acaso no ha escogido Dios a los pobres de este mundo para hacerlos ricos en la fe? ¿No les dará el reino que prometió a quienes lo aman? Ustedes en cambio los desprecian. Sin embargo son los ricos quienes los aplastan a ustedes y los arrastran ante los tribunales. ¿Y no son ellos los que blasfeman el glorioso nombre de Cristo que ha sido pronunciado sobre ustedes? Obran bien cuando cumplen la ley del reino, tal como está en la Escritura: Ama a tu prójimo como a ti mismo. Pero si hacen diferencias entre las personas, cometen pecado y la misma Ley los denuncia como culpables.*

Yo he luchado con el pecado de la parcialidad. Yo no habría sido tan obvio como para decir a alguien que se quede de pie y a otro que se siente en un lugar privilegiado, pero en mi corazón frecuentemente he sido culpable de favoritismo, y esto ha influenciado mis actos sin intención. Una ocasión, cuando colgué el teléfono, mi esposa dijo, "sé que no hablabas con Ken; debe haber sido Ryan. Ken te agrada más, y ello se nota en tu voz".

La predilección no está basada sólo en la riqueza de una persona. Puede basarse también en la educación de una persona, su posición social en la comunidad o su estatus espiritual en la iglesia. Santiago 2:9 no podría ser más directo: *"Pero si hacen diferencias entre las personas, cometen pecado y la misma Ley los denuncia como culpables".* ¿Qué hacer para romper el hábito de la predilección?

Romanos 12:10 nos dice, *"Que entre ustedes el amor fraterno sea verdadero cariño y adelántense al otro en el respeto mutuo"*. Y en Filipenses 2:3 se lee, *"No hagan nada por rivalidad o vanagloria. Que cada uno tenga la humildad de creer que los otros son mejores que él mismo"*. Nosotros necesitamos pedir a Dios arraigar en nuestro pensamiento el hábito de elevar a cada persona, sin tomar en cuenta su posición en la vida, dándole más importancia que a nosotros mismos. Una manera práctica de superar la parcialidad es concentrarse en las habilidades de cada persona. Cada persona puede hacer algunas cosas mejor de lo que yo puedo hacerlas. Esta conciencia me ayuda a apreciar a todas las personas.

**Pregunta: ¿Qué dice la Biblia acerca de la codicia?**

**Respuesta:** Codicia significa deseo o necesidad de algo que es propiedad de otra persona. La codicia es prohibida expresamente a través de las Escrituras. El último de los Mandamientos dice: *"No codiciarás la casa de tu prójimo. No codiciarás su mujer, ni sus servidores, su buey o su burro. No codiciarás nada de lo que le pertenece"*. (Éxodo 20:17). Los Mandamientos terminan con una prohibición infinitamente amplia: "o nada de lo que le pertenece". En otras palabras, nosotros recibimos el mandato de ¡no codiciar nada que pertenezca a alguien más!

La avaricia es similar a la codicia. *"Y ya que son santos, que la fornicación o cualquier clase de impureza o de codicia ni siquiera se mencionen entre ustedes...Sépanlo bien: ni el corrompido, ni el impuro, ni el que se apega al dinero, que es servir a un Dios falso, tendrán parte en el reino de Cristo y de Dios"* (Efesios 5:3, 5).

Una persona mezquina o codiciosa es una persona idólatra. La codicia y la avaricia han sido llamadas los pecados silenciosos universales. Raramente se habla de ellos o son confrontados, pero creo que están entre los pecados más extendidos de esta generación. Cuando empecé a estudiar lo que enseña la Biblia acerca del dinero, yo estaba abrumado por el grado de mi propia codicia. Pida al Señor mostrarle si usted es culpable de codiciar lo que pertenece a otro. Si lo es, arrepiéntase y sométase al Espíritu Santo. Pídale que cambie su corazón.

**Pregunta: ¿Cuánto debemos dar y dónde debemos dar?**

**Respuesta:** Cuando usted haya tomado la decisión de dar de sus "primeros frutos" se sugiere que al menos 15% de sus dones de tiempo, talento y tesoro sean dados a su parroquia. El balance de sus dones debe ser dividido entre otras organizaciones piadosas, bien sea religiosas, educativas o de caridad. El llamado anual del Obispo o el llamado diocesano debe ser considerado cuando haga donaciones para "la otra mitad" de su compromiso de corresponsabilidad. Una guía general para este llamado es el 1% de su ingreso.

Numerosas caridades seculares (tales como escuelas, órdenes fraternas u organizaciones formadas para combatir enfermedades) compiten enérgicamente por nuestros dólares de donación. La Biblia no menciona si debemos o no, dar a estas caridades. Sin embargo, Bev y yo hemos decidido no apoyar habitualmente estas organizaciones con nuestras donaciones. Nuestra razón es que mientras mucha gente apoya las caridades seculares, sólo quienes conocen al Señor apoyan los ministerios de Cristo. Hemos dado ocasionalmente a caridades seculares cuando sentimos motivación para dar o cuando el solicitante era un amigo que nosotros queríamos alentar o influenciar de Cristo.

**Pregunta: Las Escrituras prohíben repetidamente la idolatría. ¿Cómo aplica esto en nuestra era moderna?**

**Respuesta:** Actualmente poca gente se inclina ante ídolos de piedra o estatuas de oro. Esta forma de idolatría es cosa del pasado. Pero, estamos siempre en peligro de poner otras cosas en el lugar de Dios y dedicar a ellas el amor que se debe solamente a Él. La práctica de la idolatría está en todos lados. Como alguien dijo, "la mayoría de los ídolos de hoy tienen cuatro ruedas, cristales ahumados, superficie cromada y quemacocos". Dios debe tener el primer lugar en nuestro corazón. Su perspectiva debe influir en cada decisión que hacemos. Todo debe estar subordinado a nuestro amor por Él. Si nosotros amamos algo—familia, trabajo o posesiones—más que al Señor, este es un ídolo.

# NOTAS

1   Charles L. Allen, *God's Psychiatry* (Old Tappan, NJ: Revell, 1953).

2   David McConaughy, *Money, the Acid Test* (El Sabor Amargo del Dinero) (Philadelphia: Westminister Press, 1981), pp 24, 25.

3   Herb Goldberg and Robert Lewis, *Money Madness* (La Locura del Dinero) (New York: Morro, 1978), pp 13, 14.

4   Randy Alcorn, *Money, Possessions and Eternity* (El Dinero, las Posesiones y la Eternidad) (Carol Stream, IL: Tyndale House Publishers), pp. 128, 129.

5   George Fooshee, *You Can Be Financially Free* (Usted puede ser Libre Financieramente) (Old Tappan, NJ: Revell, 1976), p26.

6   George Fooshee, *You Can Beat the Money Squeeze* (Fleming H Revell, 1980).